KB261354

한국 기독교 지도자 강단설교

김치선

엮은이 KIATS(Korea Institute for Advanced Theological Studies, 한국고등신학연구원)

KIATS는 세대를 잇는 기독교 인물 양성, 한국 기독교 유산의 집대성과 세계화, 동·서양 기독교의 상호이해와 소통, 교회와 성도들을 위한 범교단적인 장을 마련하기 위해 2004년 설립된 단체로 '사람, 인프라, 네트워크'를 강조한다.
'하늘의 비밀을 훔쳐보고 이 땅에 실현하고자 하는 사람'을 발굴하여 세계적 시각으로 기독교 연구를 수행할 능력과 비전을 갖춘 인물을 키우고, '한국 기독교를 위한 연구의 장을 마련'하여 한국 기독교인들이 교회와 신학 연구에 매진할 수 있는 적절한 기반과 여건을 제공하며, '아시아 기독교와 서구 기독교의 파트너 관계를 형성'하여 상호이해와 공동번영을 위한 가교 역할에 매진하고 있다.

한국 기독교 지도자 강단설교
김치선

지은이 김치선
엮은이 KIATS
펴낸이 정애주

펴낸날 2011. 1. 17. 초판 1쇄 인쇄
2011. 1. 28. 초판 1쇄 발행
펴낸곳 (주) 홍성사
1977. 8. 1. 등록 / 제 1-499호
121-897 서울시 마포구 합정동 369-43
TEL. 02)333-5161 FAX. 02)333-5165
http://www.hsbooks.com E-mail : hsbooks@hsbooks.com

ISBN 978-89-365-0845-6
값 10,000원 ※잘못된 책은 바꿔 드립니다.

믿음의 유산

韓國基督教指導者講壇說教

한국 기독교 지도자 강단설교

김치선

김치선 지음_ KIATS 엮음

홍성사.

"믿음의 유산" 시리즈를 발행하며

한국 기독교는 세계 2,000년 기독교 역사에 유례가 없을 정도로 단시간에 박해와 고난, 열정과 헌신, 교회 성장과 선교와 같은 다양한 경험을 맛보았다. 이러한 경험은 조선 유학자와 초기 가톨릭 교우들의 논쟁, 박해와 순교를 내세와 참된 신앙에 대한 묵상으로 승화시킨 설교와 글과 시 등을 통해 고스란히 표출되었다. 하지만 현재를 사는 우리는 이를 가다듬지도, 그 진정한 가치를 온전히 인식하지도 못하고, 늘 서구 기독교만 동경하며 그 문화를 받아들이기에 급급했던 게 사실이다.

최근 들어, 지금까지 소홀했던 한국 기독교의 믿음의 유산을 발굴하여 현재의 삶과 신앙을 반성하려는 신앙인들이 늘고 있는 것은 무척 고무적인 일이다. 이런 맥락에서 KIATS(한국고등신학연구원)는 "믿음의 유산" 시리즈를 통해 한국 기독교의 유산을 집대성하고자 한다.

"믿음의 유산" 시리즈는 기독교 유래 초기부터 오늘에 이르기까지 한국 기독교의 특징을 잘 드러내 주는 신앙적 혹은 학문적 가치가 있는 일차 문헌을 선별하여 담아낼 것이다. 먼저 목회자와 신학자를 포함한 성직자의 설교를 〈한국 기독교 지도자 강단설교〉로 묶어 펴낼 것이며, 그 밖에 사회운동가, 정치가, 사상가, 문인, 예술인 가운데 기독교적 정체성을 갖고 한국 기독교에 공헌한 분들의 작품도 묶으려 한다. 원전을 정리하고 선별함에는 저자의 설교문과 논문, 수필과 단상, 시와 선언문, 단행본과 전집 등 활자화된 문헌을 우선으로 한다.

이 시리즈를 통해 독자들은 그동안 묻혀 있던 한국 기독교의 보석 같은 글을 다양하게 접하게 될 것이다. 이로써 치열하게 믿음의 본을 보이며 살다 간 조상들의 신앙을 음미하여 오늘을 반추하며, 하나님께서 한국 기독교의 미래에 허락하실 원대한 계획을 꿈꿀 수 있을 것이다. 그뿐만 아니라 외국 번역물이 우리나라 기독교인들의 독서를 주도하는 상황에서 우리네 정과 풋풋함, 구수한 토속적 신앙을 한껏 맛보게 될 것이다.

가장 지역적인 것이 가장 세계적이라는 말이 있듯이, "믿음의 유산" 시리즈가 우리 것에 대한 진지한 성찰과 함께 세계적 차원에서 우리의 신앙을 발견하고 재정립하는 데 좋은 기회가 되길 소망한다.

KIATS를 대표하여 김재현

차례

3. 기독인의 초석: 애아애주愛兒愛主의 삶

4. 성경강해와 강의

머리말 | '한국의 예레미야' 김치선 목사

김성봉(신반포중앙교회 담임목사 · 대신총회신학연구원 교수)

'한국의 예레미야'로 불린 고봉高峰 김치선(1899-1968) 박사는 한국 교회와 한국 사회에 중요한 역할을 감당한 목사요, 신학자요, 교육자였다. '한국의 예레미야'라는 이 한마디는 그의 생애와 사상을 함축적으로 표현해 준다. 이는 그가 나라와 민족을 사랑했던 '애국자'요, 이 민족의 복음화를 위해 눈물로 기도했던 '기도의 사람'임을 드러낸다.

김치선은 장로교회 제1세대 신학자로서 한국 교회와 신학 형성에 크게 기여했다. 그는 일본을 거쳐 미국에서 유학하며 박사 학위를 취득했고, 그 후 일본과 한국에서 활동했다. 1944년 한국에 돌아온 후 남대문교회에서 목회를 하는 한편, 안양대학교의 전신인 대한신학교를 설립했다. 아울러 기도와 전도운동을 통해 한국 교회의 재건과 쇄신을 위해 노력했다. 해방 후에도 그는 전도운동 및 구령救靈운동을 통하여 한국 교회의 재건을 추진했는데, 해방된 조국에서 민족 복음화가 가장 시급한 과제라 인식했기 때문이다. 그는 특히 자유주의 혹은 진보주의 신학으로부터 한국 교회를 지키기 위하여 순수한 복음운동을 전개했다. 안양대학교 신학대학원장을 지낸 한성기 교수는 이러한 그의 신학적 입장을 "근본주의적 보수주의"로 표현하기도 했다.

이제 애국애족愛國愛族의 신학자이자 목회자였던 김치선 박사의 삶과 신학에 대하여 한국교회사 측면에서 지금까지 얼마나 깊이 논의되어 왔는지를 반성할 시기가 되었다. 교회사가인 이상규 박사의 말대로 김치선 박사의 일생을 통한 헌신에도 불구하고 그의 생애나 업적이 한국교회사 속에서 무시되거나 경시되어 온 것이 사실이기 때문이다. 우리는 김치선 박사의 주요 작품들을 묶어 출간함으로써 그의 신앙과 신학, 삶을 돌아보는 계기를 만들고자 한다.

김치선의 출생, 성장, 학업

김치선은 함경남도 함흥군 흥남읍 서호리 어촌에서 출생했다. 열 살 때 그는 서당에서 기독교 신앙을 배우게 되었는데, 이는 순전히 당시 훈장이었던 김응보 영수領袖(장로교에서 조직이 갖춰지지 않은 교회를 인도하는 평신도 지도자)의 영향이었다고 본다. 함경남도는 당시 캐나다

장로회 선교 구역이었는데, 흥남군 서호리 일대에 기독교가 전파되자 훈장 김응보가 가장 먼저 복음을 받아들였다. 김응보는 일찍이 개혁과 개화의 정신에 눈을 뜬 향촌 지식인이었다. 이러한 김응보를 통해 김치선이 서당 교육 안에서 기독교와 접하게 되었다는 사실은 매우 이례적인 일이다.

김응보 외에 김치선 인생에서 또 다른 중요한 인물은, 캐나다 장로회 선교사인 영재형Luther Lisgar Young(1875-1950)이다. 김치선이 14세 되던 해인 1913년, 폭풍으로 가산家産인 40척의 배를 모두 잃은 그의 부친은 가족을 데리고 장진 땅으로 가서 화전민으로 삶을 꾸리려 하였다. 이때 김응보는 장래가 촉망되는 김치선을 화전민으로 살게 할 수 없다는 생각에서 당시 선교사로 와 있던 영재형에게 그를 소개했다. 그리고 1916년 김치선은 평생의 은인이자 인도자인 영재형 선교사의 양자가 되었다. 그런 후 그의 지도하에 신앙생활을 하며 당시로서는 드문 해외 유학도 할 수 있었다. 영재형 선교사는 김치선에게 믿음의 아버지이자 삶의 인도자요, 후견인이었다.

김치선은 1919년 3·1운동 당시 서대문형무소에서 1년간 옥고를 치르면서 나라와 민족에 대하여 깊이 생각할 기회를 가졌다. 또한 인생의 참된 의미를 발견하고 목사가 되리라고 결심하였다. 그의 나이 20세 때였다. 출옥 후 그는 영생고등보통학교를 거쳐 연희전문학교 문과에서 공부했다. 그리고 1927년 평양신학교에 입학했으나 중퇴하고, 일본 고베중앙신학교에 입학(1928)했다. 평양신학교를 중퇴한 이유는 당시 한국을 떠나 재일 한국인 사역을 하게 된 영재형 선교사의 요청에 따른 것이라고 알려져 있다.

1930년 봄 고베중앙신학교를 졸업한 김치선은 31세의 나이로 재일조선장로교회에서 목사 안수를 받았다. 하지만 이듬해 영재형의 주선으로 다시 미국 유학길에 올라 정통신학 계승에 대표적인 학교였던 필라델피아의 웨스트민스터신학교에 입학했다. 그는 웨스트민스터신학교 최초의 한국 유학생이었다. 졸업 후 댈러스신학교로 옮겨 구약학을 공부한 그는 1936년 "오경의 모세 저작권 연구"라는 논문으로 최초의 신학 박사 학위를 취득한 한국인이 되었다.

목회 및 교수 사역

김치선은 학위 수여식에도 참석 못한 채 1935년 가을 다시 일본으로 건너와 영재형 선교사를 도와 선교 활동과 목회 사역에 전념했다. 1937년 안식년을 맞아 고국으로 돌아온 때에도 고향 마을에 있는 서호교회에서 목회를 하였다. 안식년을 마치고 일본으로 돌아가서는 자신이 설립한 고베중앙교회를 비롯하여 도쿄 신주쿠중앙교회, 도쿄 메구로교회 등에서 목회 활동을 하였다. 그는 영재형 선교사와 전도 활동을 계속하며 재일 조선인들의 영혼의 안내자이자 위로자로서 일했다. 김치선은 고베중앙교회 외에 니시노미야교회, 효고교회, 아카이시교회 등을 설립했는데, 일본에서의 교회 개척 활동은 그의 목회적 열정을 보여 주는 좋은 예다.

일제 말 국내외적으로 어려운 시기에 영재형 선교사가 일본을 떠나자, 김치선은 1944년 3월 한국으로 돌아왔다. 귀국 직후 남대문교회의 청빙을 받아 45세의 나이로 남대문교회 제6대 담임목사로 부임했다. 6년간 남대문교회에서 목회 사역을 하면서 그는 하나님 나라 건설을 위한 이상이자 자신의 삶을 이끌어 갈 원동력으로 여겨 온 신학교 설립에 착수했다.

김치선은 1948년 야간장로교신학원(이후 1950년 대한신학교로 개칭)을 설립했다. 1949년에는 제2대 교장으로 취임했고, 장로회총회신학교 교수로도 활동했다. 신학교에 대한 그의 열정은 다음과 같은 말에 잘 나타나 있다.

> 신조를 토대로 한 신학을 수렴하여 한국, 아니 세계 교회에 공헌하려는 것이 우리 신학교의 정신이 되지 않아서는 안 된다. 우리는 이러한 정신하에 신학교를 경영하지 않으면 안 될 것이다. 또한 우리는 이 정신하에 3,000만뿐 아니라 세계 인류에게 위대한 복음을 전하여야 할 것이다.[1]

1. "신학과 신조", 〈복음세계〉(1954).

그의 신학교 사역은 확대되었고, 마침내 1960년 9월 6일 성경장로회를 발족했다. 이를 토대로 1961년 6월 22일 대한신학교를 중심으로 대한예수교장로회 성경장로회(현 대한예수교장로회[대신])가 출범, 그가 초대 총회장에 피선되었다.

김치선은 목사이자 신학자이며 신학 교육자였다. 그는 이를 별개의 영역으로 보지 않고 자신의 삶을 통해 통합적으로 이행하고자 했다. 그래서 평생 쉬지 않고 사역과 목회를 병행했다. 피난길에서 돌아온 후에도 창동교회, 중앙교회(현 청파중앙교회), 대창교회를 설립했으며, 함경도에서 월남한 교인들로 구성된 한성교회에서 목회를 하기도 했다.

그가 어루만진 사람들은 재일在日 조선인이었고 일제에 억압받던 조국의 백성이었으며 전쟁으로 상처 받은 영혼들이었다. 그를 '한국의 예레미야'라고 부르는 것은 그가 조국과 민족을 위해 뜨거운 눈물을 흘리며 기도했기 때문이다.

'한국의 예레미야'

김치선의 신앙과 목회 활동은 영혼을 향한 뜨거운 열정 그 자체였다. 애국애족의 마음은 그의 신앙 속에 살아 있는 애주愛主에서 비롯했다. '눈물의 선지자', '한국의 예레미야' 김치선의 민족을 향한 사랑과 열정은, 1944년 남대문교회에 부임하여 교회를 중심으로 전개한 기도와 회개, 그리고 전도운동에 잘 나타나 있다.

그는 해방 후 혼란한 정국과 어려운 현실 속에서 이 민족이 살길은 오직 기도, 회개 그리고 전도뿐이라고 여겼다. 이를 위해 그는 구체적으로 300만 구령운동을 조직화하였다. 해방 당시 기독교 인구가 30만 정도에 불과했던 점을 고려한다면 그가 펼친 300만 구령운동은 이 땅의 복음화에 쏟은 그의 열정을 단적으로 보여 주는 예다. 그가 즐겨 사용했다는 "2만 8,000 동네에 가서 우물을 파라!"라는 구호는 한국전쟁 이후 서울로 돌아와 대한신학교에 복귀한 후에도 계속되었다. 300만 구령운동을 지속하면서 그는 신학도들에게 "2만 8,000여 우물을 파는 운동을 일으켜야 한다. 오늘 여러분이나 내가 할 일은 이 우물 파는 사업이다"라고 했으며, 이것이 하나님의 명령이라고 여겼다. 신학도들이 다른 것을 그만두고 일생 우물만 파는 자들이 되기를 바랐던 것이다. 300만 구령운동, 2만 8,000 동네의 우물을 파라는 그의 열정은 이 땅과 민족을 위해 흘렸던 뜨거운 눈물의 표출이었으리라.

"이런 사람은 세상이 감당치 못하도다"(히 11:38)라는 말씀과 함께 "목회자요, 신학자요, 애국자인 눈물의 선지 이곳에 잠드시다"라고 새겨져 있는 그의 묘비의 말처럼 세상이 감당치 못하였으나 세상을 품고 기도했던 그의 신앙과 신학이 오늘날에도 이 땅에 면면히 흐르기를 기대한다.

이 책의 구성

이 책은 김치선의 신앙과 삶을 대변해 주는 설교문, 각종 신앙 잡지 연재글 그리고 그의 친필 설교 등을 모아 크게 네 가지 주제로 엮었다.

1부 "신앙과 민족"에는 김치선의 민족 사랑을 보여 주는 글을 모았다. '눈물의 선지자', '한국의 예레미야'라 불린 김치선은 민족의 현실과 복음의 역할 그리고 기독교 지도자들의 역할에 대하여 종종 이야기했다. 그는 어렵고 혼란스러운 민족의 현실 앞에서 기독교 지도자들의 눈물의 기도가 민족을 구하는 가장 귀하고 값진 일임을 설득력 있게 말하고 있다.

2부는 신학자 김치선의 신학을 보여 주는 글을 모아 "복음의 진수와 신학"이라는 제목으로 묶었다. 여기서는 복음, 신학, 신조, 하나님, 교회라는 주제를 포함한 '기독교란 무엇인가'라는 근본적인 질문에 대한 그의 입장을 살펴보고자 했다.

3부는 1944년 발간된 《기독인의 초석》과 1960년대 중반 발행된 〈크리스찬 봉화〉에 실린 글들을 중심으로 당시 기독교인들의 삶에 대한 그의 입장을 담아 보았다.

4부에는 구약학자인 김치선의 성경 이해를 보여 주는 글을 모았다. 한국인 최초로 미국 신학교에서 구약학 박사 학위를 받은 김치선의 구약 강의는 한국 기독교 역사에서 그 가치가 적지 않다. 이 책에

한국 교회의 초석 길선주(1869-1935)

한국인 최초의 목사이면서, 한국 교회를 오늘의 경이적인 교회로 건설한 개척자이다. 그의 신앙은 오늘의 한국 교회가 지키고자 하는 전통의 정正 신앙이 되었고, 그의 인격과 덕망은 한국 교회가 늘 돌아보고 따르려고 하는 모형이 되었다. 민경배(연세대학교 교수/한국기독교사)

한국의 D. L. 무디 김익두(1874-1950)

3·1운동 이후 민족의 좌절과 슬픔 속에서, 사회주의자와 무신론자의 도전, 정신적인 황폐, 교회의 침체, 자유주의 신학이 머리 들기 시작할 때 하나님은 김익두 목사를 세우시고 민족 구원의 대역사를 시작하셨다. 그는 하나님이 보내신 독특한 사명을 지고 나선 한국 교회의 지도자였다.
정성구(대신대학교 교수/실천신학)

열정의 설교자 주기철(1897-1944)

주기철 목사는 신사참배를 반대하는 저항인의 길을 갔지만 동시에 가난한 영혼을 감싸는 목회자였다. 우상숭배를 강요하고 교회의 순결과 거룩을 훼파하려는 세력에 저항했지만 동시에 자상한 영혼의 목자이기도 했다. 그는 삶, 목회, 설교 그리고 신사참배 거부를 통해 무엇에 저항하고 무엇에 복종할 것인가에 대한 일관된 삶의 방식을 보여 주었다.
이상규(고신대학교 교수/역사신학)

'한국의 예레미야' 김치선(1899-1968)

'한국의 예레미야' 김치선 박사는 한국 교회와 한국 사회에 중요한 역할을 감당한 목사요, 신학자요, 교육자였다. 그는 장로교회 제1세대 신학자로서 한국 교회와 신학 형성에 크게 기여했다. 지금의 안양대학교의 전신인 대한신학교를 설립하고, 기도와 전도운동을 통해 한국 교회의 재건과 쇄신을 위해 노력했다. 복음주의적 투철함과 현장에 대한 그의 열정적인 가슴은 오늘날 기독교인들, 특히 신학자와 목회자에게 강한 도전을 준다.
김성봉(대신총회신학연구원 교수)

한국 기독교인들이 가장 사랑했던 부흥사 이성봉(1900-1965)

1930년대부터 해방 이후 1960년대까지 한국 교회의 부흥운동을 주도했던 인물이다. 그는 성결교회의 대표적인 부흥사였지만 그의 사역은 초교파적이었으며, 일제 말과 해방 이후 한국 교회를 대표하는 부흥사였다. 기독교의 복음은 대중적인 부흥을 통해서 사회의 기층민들에게 뿌리를 내렸고, 이성봉의 부흥운동은 여기에 큰 공헌을 하였다.
박명수(서울신학대학교 교수/한국교회사)

고난 속에 피어난 인류 생명의 꽃 이용도(1901-1933)

이용도의 복음적인 삶과 신앙 사상에서 가장 주목해야 할 점은 '생명역환生命易換' 이다. 이는 기도를 통해 인류 생명이 사랑과 정의의 생명으로 바뀐다는, 말하자면 기도와 사랑의 혁명운동이다. 이용도는 자신뿐만 아니라 전 인류가 살아 있는 심원한 기도 속에서 예수 그리스도의 영원한 사랑, 정의, 자유, 평화, 희망, 기쁨의 생명을 얻어 그렇게 변화될 수 있고, 마침내 그렇게 살 수 있다고 믿었다. 성백걸(백석대학교 교수/교회사)

〈성서조선〉을 이룬 사람 김교신(1901-1945)

김교신은 교단의 중심적인 목회자가 아니었다. 그럼에도 그에 대한 연구가 이렇게 활발한 이유는 무엇일까. 김교신은 기독교가 주는 능력의 본질은 무엇이며, 어떻게 하면 그것을 제대로 누리면서 한 세상을 두려움 없이 아름답게 살다 갈 수 있는지에 대해 가장 치열하게 고뇌하고 증거하다 간 사람이었기 때문이다. 양현혜(이화여자대학교 교수/교회사)

여주동행如主同行의 삶을 살다 간 분 한상동(1901-1976)

한국 교회의 역사에는 교회의 근본적인 영역에서 구체적인 가르침을 주신 선생님들이 많이 계신다. 마음을 다하고, 뜻을 다하고, 성품을 다하고, 힘을 다하여 일상에서 하나님을 사랑한 분들. 그분들은 말로 이것을 가르쳤고, 생활로 보여 주었고, 피로써 그들의 가르침을 확정했다. 그렇게 해서 한국 교회의 독특한 영성이 형성되었다. 한상동 목사도 이러한 한국 교회의 선생님들 가운데 한 분이다. 김형규(우간다 쿠미대학교 신학대학장)

사랑과 열정의 사도 손양원(1902-1950)

손양원 목사는 사회운동가나 독립투사가 아니었다. 그는 복음의 핵심이 가르치는 바를 충실하게 따랐다. 그리스도의 사랑을 실천하기 위해 한센병 환우들이 고름을 입으로 빨았고, 남이 있는 환우들을 두고 자기만 피신할 수 없어 다시 배에서 내려 자기를 기다리는 죽음의 장소로 묵묵히 걸어간 사람이다. 인간의 힘으로는 도저히 극복할 수 없을 것 같은 한계를 신앙의 힘으로 뛰어넘어, 자기 아들들을 죽인 사람을 용서하고 양아들로 삼았다. 이광일(애양원 성산교회 목사)

고난과 경건의 삶의 신학자 김정준(1914-1981)

김정준의 신학적·선교적·목회적 영향력은 교파를 초월한다. 학문적으로 매우 엄격했지만, 신앙적 행동으로 제자들을 가르쳤다. 그는 열정적 설교가였다. 단순히 지식인이 아닌 지知·정情·의意가 겸비된 학자였고 목회자였으며 시인이고 문필가였다. 그의 고난과 의지, 경건의 신앙과 신학은 우리에게 큰 교훈으로 아름답게 남아 있다. 주재용(한신대학교 교수/기독교사상사)

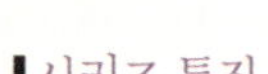

시리즈 특징

1. 학교와 박물관은 물론 개인 소장 자료까지 치밀하게 탐색해 역사적으로 가장 가치 있는 원전을 발굴하였다.
2. 옛 글맛은 그대로 살리면서도 현대인들이 이해할 수 있도록 한자와 옛말을 풀어 주었다.
3. 한글뿐 아니라 영문으로도 출간하여 한국 기독교를 세계에 널리 전파할 수 있는 발판을 마련하였다. (한글판 : 홍성사, 영문판 : KIATS 출간)

엮은이 KIATS(한국고등신학연구원)는 기독교 인물 양성, 한국 기독교 유산의 집대성과 세계화, 동·서양 기독교의 상호이해와 소통, 교회와 성도들을 위한 범교단적인 장을 마련하기 위해 2004년 설립된 단체이다. 세계적 시각으로 기독교 연구를 수행할 인물을 키우고 한국 기독교인들이 교회와 신학 연구에 매진할 수 있는 적절한 기반과 여건을 제공하며, 아시아 기독교와 서구 기독교의 공동번영을 위한 네트워크 구축을 지향한다.

서는 각 권 해석의 총론에 해당하는 부분을 담아 대략적인 의미를 맛보고자 했다.

민족과 교회를 품고 울고 간 신학자를 그리며

김치선 박사는 그가 살아온 발자취가 갖는 중요성에 비해 그동안 잘 알려지지 않았고, 심지어 그 역할이 무시되기도 했다. 이런 차에 KIATS(한국고등신학연구원)가 엮어 펴낸 〈한국 기독교 지도자 강단설교〉 시리즈의 열 번째 책으로 그의 설교와 믿음의 글들이 출간되어 기쁨이 크다.

이번 출간은 김치선 박사와 직접 연관이 있는 교단이나 신학교뿐만 아니라 한국 교회 전체에도 큰 의미가 있다. 눈물로 기도하고 전국을 돌면서 전도해 온 그의 열정 속에서 우리는 민족과 교회에 대한 그의 깊은 사랑을 발견할 수 있기 때문이다. 동시에 그가 한국 최초의 구약학 박사로 성경 강해와 해석에 주춧돌을 놓았을 뿐만 아니라, 신학적 가르침을 현장에서 실천해 보고자 했기 때문이다. 복음주의적 투철함과 현장에 대한 그의 열정은 오늘날 기독교인, 특히 신학자들과 목회자들에게 강한 도전을 준다.

이 책을 통해 하나님 앞에서 민족과 교회를 가슴에 품고 울다 간 신학자요, 애국자인 목회자가 있었음을 알고 그의 정신이 계승되는 통로가 만들어지길 바란다.

일러두기

1. 이 책은 김치선 목사가 남긴 설교, 신문과 잡지 기고문, 설교 요지 자료에 근거하였다. 자료를 협조해 주신 김치선 목사의 딸 김동화 권사께 감사드린다.
2. 원전의 맛을 살리기 위해 본문의 성경 인용은 김치선 목사가 사용한 그대로 옮겼다. 그의 성경 인용이 오늘날의 개역개정 성경과 많이 다를 경우 성경 본문을 덧붙였으며, 인용 출처가 잘못된 곳은 엮은이가 교정했다.
3. 한자나 옛말은 가급적 원문 그대로 남겨 두었으며, 이해를 돕기 위해 한자를 함께 표기하거나 ( ) 안에 보충설명을 했다. 원저자의 설명은 [ ]으로 표기하여 구분하였다.
4. 원전의 의미를 변화시키지 않는 범위에서 엮은이가 조사 등의 보조어를 첨가했으며, 본문의 모든 문체를 경어체(습니다)로 바꾸었다.
5. 이 책이 나오는 데 도움을 준 대신총회신학연구원 동역자들과 각 교회에 깊은 감사를 드린다.

1. 신앙과 민족

민족애民族愛의 눈물

마태복음 23:37-38, 누가복음 19:41-44

나는 지금 "민족애의 눈물"이란 제목을 택하여 여러분과 같이 상고해 보려고 합니다. 마태복음 23장 37-38절과 누가복음 19장 41-44절을 보면서 그리스도께서 왜 통곡하셨는가 하는 문제를 생각해 볼 때, 먼저 조국의 장래를 위해 통곡하셨고, 다음으로 동족의 과거의 죄를 보고 통곡하셨으며, 마지막으로 죄 중에 춤추는 현새를 보고 우신 것을 알 수 있습니다. 이에 따라 본문에 나타난 자기 백성을 사랑하시는 주님의 눈물에서 큰 교훈과 함께 은혜가 있길 바랍니다.

민족애의 눈물이란 무엇인가?

눈물에 대해 여러 가지로 말할 수 있습니다. 그중에는 무가치한 눈물도 있을 것이요, 울지 아니해도 좋을 눈물도 있을 것입니다. 주님의 눈물에서 참된 눈물을 찾아보아야겠습니다.

1. 어떤 이는 이 눈물에 대하여 말하길 감정의 고귀한 결정이요, 마음의 심각한 표현이라고 말하였습니다.

2. 눈물은 참인 고로 눈물이 있는 곳에 감격이 있고, 그 감격 속에서 사랑이 전달될 것입니다.

3. 따라서 눈물은 거룩합니다.

민족과 국가와 인류를 위해 흘린 눈물처럼 거룩하고 의로운 것은 없을 것입니다.

한국사에서 실례를 들면, 고려 말 정몽주의 눈물이 희생되는 나라를 위한 제물이 되었던 것과, 백제의 충신 성충成忠의 눈물과 이조李朝 말 을사보호조약의 비보를 듣고 할복하고 쓰러진 민충정공의 눈물 등을 들 수 있습니다. 이들의 눈물은 없어질 세상, 나라만을 위한 망국에 대한 통곡이었습니다.

여러분, 우리 성도들은 그 나라와 의를 위하여, 그리고 3,000만 민족의 구령을 위하여 통곡의 눈물이 복받치지 않습니까?

또한 성경의 기록에서 민족 해방을 위한 모세의 눈물과 예레미야가 애국애족의 피나는 눈물을 흘린 것을 볼 수 있습니다. 나아가서 그 절정으로 예수께서 조국과 민족을 위해 우셨습니다. 그 통곡의 말씀은 "예루살렘아 예루살렘아 암탉이 병아리를 날개 아래 품듯 내가 여러 번 하려 하되 너희가 내 말을 듣지 아니하니 그러므로 너희 성이 터만 남으리라"(마 23:37-38 참조) 하시고 통곡하신 것입니다.

우리 인간의 눈물에는 혹히 거짓이 섞여 있는지도 모르지만, 예수 그리스도의 눈물은 진정한 심정으로 자기 백성의 멸망을 보시고 견딜 수 없는 비통함에서 복받쳐 나오는 눈물이요, 사랑의 눈물이요, 구속자로서의 희생까지도 감당할 눈물이었습니다. 이 예수 그리스도의 눈물이야말로 얼마나 고귀하며 거룩한 것입니까?

성도 여러분, 예수 그리스도의 참된 눈물의 심정처럼 우리도 남북으로 분단된 민족과 나라의 현실 앞에서 주님의 복음으로 통일하기 위한, 그리고 그리스도의 반열에서 민족을 구원하기 위한 진정한 눈물이 흘러넘쳐야 하겠습니다.

민족애 눈물의 위대성

이 시간 민족애란 주제를 택해 생각하고자 하는 중점이 여기에 있습니다. 즉 그리스도의 눈물의 위대성, 여기에 모든 생각을 집중해야 할 것입니다. 그 위대성이 어디 있는 것입니까?

1. 죽은 자를 살릴 수 있는 그 위대성이 그리스도의 눈물에 있다고 하지 아니할 수 없습니다. 그러면 왜 그렇게 보아야 합니까? 마르다와 마리아가 예수께 "나의 오라비가 죽어서 무덤에 장사되었나이다"라고 눈물의 하소연을 할 때 당시 주변에 있던 무리들도 따라서 슬퍼

하였습니다. 우는 것을 보시고 예수께서 통분히 여기셨다고 요한복음 11장 35절에 기록되어 있습니다. 그러면 이 눈물에 어떠한 힘이 있었습니까? 죽은 지 4일이 지나 냄새가 났던 나사로를, 아니 썩어가는 송장을 생명이 약동하는 나사로로 소생시킨 위대한 역사를 한 것입니다. 주님께서 눈물로써 죽음을 생명으로 바꾸어 주신 것은 부인할 길이 없는 것입니다.

2. 예수 그리스도께서 예루살렘을 향하여 우신 그 눈물은 민족을 사방에서 구원하시는 눈물이었음을 분명하게 알 수 있습니다. 그의 말씀과 같이 그리스도의 눈물은 그 민족의 과거와 현재, 미래의 죄악을 자기 몸으로 대신한 것이었습니다. 다시 말하면 자기 자신을 죄인으로 삼고 그 죗값으로 십자가 위에서 죽음을 자초하신 것이라 볼 수 있습니다.

주님은 이스라엘 민족뿐 아니라 인류의 과거, 현재, 미래에서 자기 백성을 구원하시는 위대한 구속救贖사업을 성취하셨으며, 이 사실이 그의 위대한 눈물을 우리에게 증거하는 바입니다.

3. 그리스도의 눈물은 최후의 승리를 가져온 것이니, 이것이 곧 그리스도의 부활입니다. 예수 그리스도께서 제자들에게 "내가 세상을 이기었으니 근심하지 말고 두려워하지도 말고 안심하라"(요 14:27, 16:33 참조) 말씀하셨으니, 이 말씀은 세상 인류에게 아니 한국 민족에게 그리고 나와 여러분에게도 최고의 승리가 되는 것입니다.

여러분, 그리스도의 부활과 같은 것이 또 어디 있습니까? 이 사실이야말로 인류의 역사에서 두 번 다시 찾아볼 수 없는 것입니다. 그러므로 우리도 그리스도의 애족에 대한 눈물을 가지고 죄악의 무덤 속에서 냄새나는 동족을 향하여 위대한 승리와 부활을 증거하여 생명으로 이끄는 구원의 우물을 파야겠습니다.

민족의 눈물은 위대한 역사를 가져왔다

그리스도의 백성으로서 그의 눈물을 통하여 볼 때, 우리 주님의 눈물에서 위대성을 발견했다 할 수 있습니다. 이 위대한 사실이 어떻게 하여 역사하였는가 하는 것을 찾아보아야겠습니다.

1. 그의 말씀에 권위가 나타났습니다. 사망에 대하여 통분한 그리스도의 눈물의 말씀이 나사로를 일으키신 것은 부인할 수 없습니다. 무덤 속에 있는 죽은 나사로를 일으키신 것을 부인할 수 없습니다. 죽은 나사로를 향하여 "일어나라" 말씀하시니 베옷 속에 잠겨 있던 죽음은 그 말씀대로 결국 물러가고 만 것입니다. 과연 그리스도의 말씀은 좌우의 날 선 검보다 더 예리하여 몸과 혼과 골수와 관절을 쪼개기까지 하십니다. 또한 그 썩은 시체에서 부패와 사망까지 쪼개시고 생명으로 일으키신 것입니다. 다시 말하면 주님은 죽은 자까지 살리시고 역사를 통하여 마음의 생각과 뜻을 감찰하시는 권능의 말씀의 소유자이십니다. 이 위대한 능력의 권위를 민족애의 눈물로 전파

하여야겠습니다.

2. 그 권위는 그의 인격에 있었습니다. 완전한 인격자가 아니면 하등의 권위도 소유할 수 없는 것입니다. 그리스도는 진리이시요, 사랑이시요, 생명이십니다. 그리스도께는 없는 것이 없습니다. 그리스도의 눈물이 담긴 곳에는 위대한 역사가 나타나게 됨을 우리는 확신하는 바입니다. 세상에 속한 사람은 아무리 울고 통곡을 더해 보아도 생명의 역사를 나타내 보일 수 없습니다. 한국 역사상 충신들의 예화를 소개한 바 있지만 그들 중 어느 한 사람도 영혼을 죄와 죽음에서 일어나게 할 수 없었습니다. 오직 우리 주님의 인격만이 이 생명의 역사를 성취하십니다.

3. 그의 사업에만 위대한 역사가 나타났습니다. 세상에는 여러 가지 사업이 많습니다. 돈을 모아 부자가 되는 사업이 있는가 하면, 불쌍한 이들을 구제하는 자선사업도 있습니다. 그러나 그리스도의 희생 사업보다 더 위대한 사업은 자고로 없었거니와 인류의 종말까지도 있을 수 없습니다.

4. 그러므로 그의 눈물은 위대한 생명을 살리는 승리를 가져오셨습니다. 구약의 모르드개는 민족애를 위하여, 자기 혈족을 구원하기 위하여 희생적으로 활동함으로 그 민족을 구원하는 일을 했습니다. 바로 우리들도 내 혈통의 가족과 3,000만을 구원해 낼 수 있는 희생의 제물로서 천하를 주고도 바꿀 수 없는 생명을 위해 구령사업에 헌

신해야겠습니다.

민족애의 눈물을 통하여 역사하시는 하나님이시다

그러면 우리는 3,000만 민족과 세계 인류를 향하여 어떻게 해야겠습니까?

1. 기도해야겠습니다. 예수님은 나사로를 살리실 때 하나님께 기도하셨습니다. 예수께서 눈을 들어 우러러보시고 가라사대 "항상 내 말을 들으신 것을 감사하나이다"라고 하셨습니다. 이 말씀을 하심은 주위에 둘러선 사람들로 하여금 "아버지께서 나를 보내신 것을 믿게 하려 함이니라"라고 요한복음 11장 41-42절에서 말씀하셨습니다. 따라서 그리스도께서 눈물로 기도하신 것을 여기서도 알 수 있으니, 예수님의 애족하는 눈물의 기도와 같이 3,000만 민족의 구원을 위하여 간절한 기도를 쉬어서는 안 되겠습니다.

2. 믿음이 있어야 합니다. "네가 믿으면 하나님의 영광을 보리라"(요 11:40 참조), "네 믿음이 한 겨자씨만큼만 있으면 산을 옮겨 바다에 빠지라 할지라도 그대로 되리라"(마 17:20 참조)고 예수께서 말씀하셨습니다. 그러므로 우리 주님의 말씀에 순종하여 민족의 구원을 위해 주 앞에 나아가 기도하는 그 믿음을 우리 하나님은 축복해 주십니다.

3. 나가서 실천하는 순종이 있어야 합니다. 예수께서 돌을 굴리라 하실 때 나사로의 무덤 주위에 있는 이들은 돌을 굴렸습니다. 수건을

풀라 하시니 수건을 풀었습니다. 하나님께서 기도하는 자의 믿음과 그 말씀에 따라 실천하는 자의 순종을 보시고 그 눈물의 위대성을 나타내 주신 것이라 확신합니다.

성령이 임하면 예루살렘과 사마리아와 땅 끝까지 이르러 내 증인이 되리라고 명령하셨으니, 이 말씀에 순종할 때 생명의 역사가 일어날 것을 확신합니다.

결론

그리스도의 민족애의 눈물은 결국 나를 포함한 전 세계 인류애의 눈물인 것을 알 수 있습니다. 진정으로 3,000만 민족을 위하여 눈물로 하나님께 호소하여야 하는 사명이 우리에게 있습니다. 민족의 복음화를 위하여, 삼천리 방방곡곡에 그리스도의 눈물을 토대로 하여 그의 권위의 말씀을 따라서 믿고 순종함으로써 민족애의 눈물을 뿌려 그리스도를 증거하여야 합니다. 이것으로 교회를 세우고 민족애의 눈물로 제단을 쌓고 3,000만 민족을 그리스도에게로 이끌어 내야겠습니다.

연대 미상[1]

1. 《한국설교대전집: 한국기독교 선교 100주년 기념》 제5권(1974).

해방과 감사절[1]

시편 118편

시편 118편에 기록된 시는 그 시인이 누구라고 하지 않습니다. 그러나 이 시인은 이스라엘 사람임이 사실입니다. 이 시는 그들이 홍해를 육지같이 건너게 하여 밤에는 불기둥으로, 낮에는 구름기둥으로 인도하여 살게 하신 하나님을 찬송하는 시입니다. 그리고 이것이 현재까지 계속된다는 것을 가르치고 있습니다. 27절에 "우리에게 빛을 주심이여"라는 말씀을 클라크 씨는 "하나님께서 흑암을 물리치시고 은총의 광명으로 비추셨다"[2]라고 해석했으며, 어떤 주석가는 "광야

1. 이 글은 원본의 표지가 훼손되어 출처를 알 수 없다.
2. 김치선은 클라크의 주석을 참조한 것으로 보인다. 이 설교에 나오는 외국 설교자의 인용문은 출처가 분명치 않다.

에서 불기둥으로 도와주셨다"는 뜻이라고 하였습니다. 어쨌든 흑암 중에 빛을 주시며, 어려울 때 도와주셨다는 내용임은 틀림없는 사실입니다. 시인은 이러한 은총을 감사하며 노래한 것입니다.

해방은 감사인가?

오늘 나는 "우리에게 빛을 주심이여"란 말이 "해방을 주심이여"라는 말로 들리는 것 같습니다. 시 전 편全篇을 통하여 나타난 것과 같이 암흑 가운데서 말할 수 없는 압박과 고통의 생활을 하다가 광명한 빛을 비추어 살게 하여 주셨으니, 이것은 분명히 해방하여 주시었다는 의미입니다. 애굽은 흑암의 세계였고 광야는 이스라엘에게 광명의 세계였습니다. 그런즉 이보다 더 감사한 것은 없습니다. 그런데 이 시편은 계속적인 빛을 소개하였으니 이것은 완전한 해방입니다. 시편 118편을 구분해 보면 이 사실을 명백히 알 수 있습니다. 첫째 이스라엘이 하나님의 인자하심을 찬양할 것[1-4절], 둘째 고통 중에서 구원해 내신 하나님을 의지할 것[5-14절], 셋째 여기에 대한 교회의 참기쁨[15-18절], 넷째 이에 대한 계속적인 감사[19-27절], 다섯째 하나님께 찬송함[28-29절]입니다.

위에서 주의할 것은 '교회의 기쁨' 이란 것이니 커밍 씨는 118편을 "신뢰의 메시아의 시"라고 하였습니다. 그러면 우리가 아는 대로 메시아는 빛이십니다. 예수께서 말씀하시기를 "나는 세상의 빛"이라고 하셨습니다. 이 빛 되신 그리스도께서 흑암에서 교회를 이루었으니 이는 흑암에서 '불러내었다'란 의미입니다. 곧 원어로 '에클레시아 ἐκκλσία', 즉 해방을 뜻하는 것입니다. 그러므로 감사하지 않을 수 없습니다.

해방에 대한 감사

27절 하반절의 "줄로 희생을 제단 뿔에 맬지로다"는 감사의 제사를 드려야 함을 가르치는 말씀입니다. 이 시의 뜻을 클라크 씨는 "짐승을 제단에 끌어다가 제사드릴 때까지 줄로 결박해 두는 것을 뜻한다"고 하였고, 캘디 주석에는 "제물의 피를 제단 뿔에 뿌려 제사드릴 때까지 그것을 쇠사슬로 매어 두라"는 사무엘의 말을 인용하여 이 뜻의 해석을 대신했습니다. 또 위더 씨나 도록 씨는 "제단 뿔에까지라도 잎 돋친 나뭇가지로 연석을 차리라"는 축하의 뜻으로 보았으며, 벌게이트Vulgate나 70인역LXX[3]에는 이것을 다윗이 성전에 들어간 것과 연결시켜 그리스도께서 영광으로 성전에 들이가신 표라고 하였습니다. 그런데 이 말씀은 원어를 참고하더라도 역시 희생물을 드린다는 뜻으로 보는 것이 옳은 듯합니다. 즉 희생물을 제단 뿔까지 가지고 가서 하나님께 드린다는 것입니다. 그리고 여기서 한 가

3. 주전 300년경 알렉산드리아에서 고대 헬라어로 번역된 성경이다. 번역 작업에 72명이 참여했다고 하여 70인역이라고 한다.

지 생각할 것은, 싸움을 하기 위하여 연합한다는 뜻이 있다는 점입니다. 그러므로 우리를 다 각각 희생물로서 한데 묶어 드린다는 뜻이 있다고 생각합니다.

바라옵기는 그리스도의 피로 산 우리의 몸과 마음을 전부 주의 제단에 바쳐 감사와 헌신과 봉사의 제물이 되기를 바랍니다. 해방과 감사절이란 감사의 제물이 되어야 참뜻이 있다고 봅니다.

첫째, 필연적으로 해방과 감사절이 있어야 되나니 이것은 감사 제물이 되지 않고는 완전한 해방을 기대할 수 없기 때문입니다. 이스라엘 백성이 광야에서 40년간이나 고생한 것도 저들이 해방은 되었으나 감사의 제물이 되지 못하였으므로 그런 결과를 낳은 줄로 압니다. 그들이 원망과 불평만으로 하나님을 대하고 진정으로 희생 제물이 되겠다는 생각과 감사가 없었으므로, 스무 살 위로는 모두 죽고 오직 여호수아와 갈렙만이 가나안 땅에 들어갈 수 있었던 것입니다. 찰스 팍스톤은 "희생 없이 승리는 없다"고 하였습니다. 희생의 제물이 있는 곳에 참삶이 있습니다. 우리는 해방을 처음 맞았을 때 너무 기뻐서 3,4일씩 금식하며 뛰어 춤추고 감사하며 좋아하였지만, 날이 갈수록 험악하여 지금은 남북통일도 요원합니다. 이러한 때일수록 우리는 이스라엘의 실패를 거울삼아야 될 것이거늘, 이 민족 3,000만을 위하여 어느 누구 하나 희생의 제물이 되고자 하는 이 없으니 한탄케 됩니다.

옛날 영국 황제 에드워드 3세가 프랑스의 칼레항을 점령했을 때, 영국 대장이 "너희 시민 전부를 사형에 처할 것이로되 만일 너희 중 신분이 높은 여섯 명이 시민을 대표하여 노끈으로 목을 매고 영국 진지로 나오면 시민의 죄를 사하여 주겠다" 하니 프랑스 사령관 미레가가 시민을 대표하여 나오고 계속하여 다섯 명의 귀족이 나와서 그 시민은 구원되었습니다.

둘째, 희생의 제물만 되는 것이 아니라 앞으로 올 난관을 돌파하기 위하여 서로 붙잡아 한 덩어리가 되어 연합하고 도우며 살아야 할 것입니다. 만일 열두 지파 중 선택되어 보내진 가나안 정탐꾼 12명이 서로 단결하여 감사의 제물이 되었다면 이스라엘 백성 전체가 광야에서 40년씩이나 고생할 필요가 없었을 것 아닙니까? 또한 저들 중 20세 이상 된 이는 다 죽지 않았습니까? 그러나 그들은 끝까지 희생의 생각은 추호도 없었습니다.

어떤 선교사 부인이 "한국 사람, 하나가 되어야겠소" 하고 말하였지만, 우리가 그것을 몰라서 통일이 안 되는 것이 아니라 우리 백성이 희생의 제물이 될 생각이 없기 때문인 것입니다. 자기만 살고, 자기 주의主義만 내세우고, 순전히 자기만을 중심에 두며 이기주의적이니 될 수 있겠습니까?

셋째, 희생 제물로 한 덩어리가 되는 데만 참복이 있는 것이 아니라 주인 되신 하나님의 생각 여하에 달린 것임을 알아야 할 것입니다. 드려진 제물을 받으실 이의 마음대로 순종해야 합니다.

시편 118편에서 우리가 생각하는 바는 빛 되신 그리스도께서 희생 제물이 되시어 하나님의 제단에 드려지는 것으로, 우리가 아는 대로 그리스도는 이 과정에서 하나님의 뜻대로 순종하셨던 것입니다. 도마스 보스돈 목사는 항상 "하나님의 어린양을 보라"는 말씀으로 설교했다고 합니다. 과연 그리스도는 하나님의 뜻을 순종하려고 세상 죄를 지고 묵묵히 걸어가셨던 것입니다. 우리들도 그리스도와 같이 해방된 조국을 위하여 희생 제물이 되어야 할 것입니다.

(인도네시아) 자바 섬에 스웨덴의 어떤 선교사가 갔습니다. 몸도 쇠약해지고 자기를 이해하는 사람도 없고 말 상대도 없어 몹시 쓸쓸하였습니다. 그는 걱정과 실망에 빠졌습니다. 그런데 하루는 우연히 성냥갑을 보니 거기에 스웨덴제製라고 쓰여 있었습니다. 그는 이렇게 성냥에게 물었습니다.

"너는 무엇하러 이 먼 나라에 왔느냐?"

이때 성냥이 이렇게 대답하는 것 같았습니다.

"저는 불을 켜주다가 일이 끝나면 그저 버림을 받을 뿐이죠."

선교사는 여기서 천사의 소리를 들은 것처럼 용기를 얻었습니다. 그는 그 자리에서 이런 기도를 드렸습니다.

"하나님, 저도 이 지방에 빛을 던지는 희생의 제물이 되게 하소서."

그는 그 후 10년 동안 자바를 위하여 헌신하였습니다.

우리도 감사절을 맞이하여 이와 같은 기도를 드릴 뿐 아니라 세상의 빛인 우리 교회는 감사 희생 제물로 하나님께 드려져 우리의 맡은 바 사명을 다하는 생활을 해야 할 것입니다.

세계는 기로에 섰다

사도행전 2장 37절

외국으로부터 들어온 어떤 신문은 우리에게 "세계는 기로에 섰다"는 기사를 대대적으로 전하여 주고 있습니다. 돌이켜 보건대 과연 전 세계는 기로에 서 있습니다. 우리는 과연 어찌해야 하겠습니까? 이는 현하現下(현재) 우리가 직면한 문제요, 우리가 타개해야 할 문제가 아니겠습니까?

어디로 갈 것인가?

세계는 기로에 섰습니다. 우리는 어디로 갈 것입니까? 이것은 생사의 문제입니다. 우리들이 사느냐 죽느냐의 문제, 곧 전 세계가 존속하느냐 멸망하느냐의 문제는 우리가 이제 택하는 진로 여하에 달린 것입니다. 어디로 가야 할 것입니까? 어디로 가야 이 문제의 해결이 있겠습니까?

미국 테네시 주에는 원자탄을 제조하는 거대한 공장이 있습니다. 또한 이곳에는 복음의 사역자를 산출하는 생동적인 공장이 있습니다. 사실 현대 모든 과업의 성패, 즉 현대 인간 과업의 모든 성패는 이 양자 생산고生産高의 우세 여하에 의거하는 것입니다. 다시 말하면 원자탄 공장과 신학교 간의 생산력의 승리가 세계를 좌우하는 것입니다.

그러므로 미국 어떤 신학교의 기관지에서는 유식자有識者들의 소신을 종횡縱橫으로 인용하여 교회의 중책과 목사 양성의 중대성을 지적하였습니다. 여기에 기록된 바 현대 문명의 통환痛患(질병)에 대하여 내린 모든 진단에는 이를 관철하는 단일조單一調의 결론이 불변하는 동계動悸(심장의 고동)와도 같이 흐르고 있습니다. 요컨대 현대 문명의 지식과 기술은 이를 지도 관리하는 도덕적·영적 자원의 앙양昂揚(드높이고 북돋음) 여하에 그 생사가 달려 있다는 결론으로 귀일歸一되는 것입니다.

포스딕[1]은 세계 최대인 팔로마 천문대 건설식에서 이 사실을 언급하여 다음과 같이 말하였습니다.

1. Harry Emerson Fosdick, 1878-1969. 설교가이자 저술가. 리버사이드 교회를 담임했다.

"지식은 충분치 못하다. 우리들의 지식을 도덕적 기초 위에 두려고 하지 않는 한 우리들의 모든 노력의 궁극적 결과는 일절 티끌과 재로 끝마칠 것이다. 인생에서 치명적인 적은 과학이 아니고 이를 지배하는 도덕적 불충분성에 있는 것이다."

과연 우리는 어디로 갈 것입니까?

현하 긴요한 최대의 요소는 활동적 신앙이다

미 공화당의 대정치가인 뉴욕 주지사 토마스 듀이Thomas E. Dewey 씨는 다음과 같은 성명서를 발표한 일이 있습니다.

"우리의 문제는 우리 내부에 있는 것이다. 우리는 오늘날 둘로 폭발 파괴할 수 있는 수단을 물리학의 세계에서 발견하였다. 그러나 이 분쇄된 세계를 다시 하나로 조립하는 방법은 영적 세계에서 이루어 놓아야 할 문제로 아직 남아 있다."

아이젠하워 영도領導 아래에서 국무장관을 지낸 덜레스John Foster Dulles는 이렇게 말하였습니다.

"인간의 물리적인 것을 관리하는 능력도 도덕적인 것에 의존한다. 평화의 질서는 무엇보다도 도덕 법칙의 연장 위에 의거하는 것이다. 여기에는 지름길이라고는 있을 수 없다. 도덕적인 마이너스를 단순한 문필의 어구로써 메울 수 있는 것이 아니다."

맥아더General MacArther 원수는 다음과 같이 주장하였습니다.

"우리의 근본적 문제는 신학적인 문제이다. 그러므로 모든 사람은 다음과 같은 것의 여하에 의하여 흥망이 좌우된다. 즉 우리에게 긴요한 최대의 요소는 보다 더 견고한 품성, 보다 더 높은 건실성健實性, 보다 더 넓은 영적 통찰력, 보다 더 강한 헌신, 그리고 올바른 활동적 신앙인 것이다."

그러면 이처럼 긴요한 영적 자원을 어디서 구하겠습니까? 필연적으로 사람들의 눈은 현대 교회에 있습니다. 이런 요구에 응하여 줄 수 있는, 다시 말하면 영적 자원과 도덕적 자원의 원천인 교회로 향하게 되는 것입니다. 우리는 우리의 신뢰를 위대한 종교 단체에 둡니다. 왜냐하면 종교 단체만이 모든 것을 승리하고 도덕적 기초를 창조하기 때문입니다. 그리고 이것은 그 위에 세울 정치적 상층上層 건축을 좌우합니다. 따라서 신학교의 성패는 세계를 좌우하는 것입니다. 이런 점에서 우리들의 예민한 주의력은 목사[직職]에 그 초점을 두게 되는 것입니다.

교회가 동動함에 따라 세계가 동動합니다. 교직자들의 동태에 따라 교회가 동합니다. 그러면 교직자들의 역량과 재간을 좌우하는 것은 무엇이겠습니까? 예를 들자면 많은 요소가 있을 것입니다[그리스도인의 가정, 그 독실한 양친兩親, 영감에 찬 학교, 전문학교의 교사, 충실한 목사]. 이들은 교직자의 자원을 결정하는 요소들입니다. 그러나 다른 모든 것을 넘어 단연 높이 선 요인이 있으니 이는 곧 신학교의 힘과 정신입니다. 교회가 나아가는 곳으로 세계는 따릅니다. 목사가 걷는 곳으로 교회가 걷습니다. 그리고 목사는 신학교가 걷는 곳으로 걷는 것입니다.

이상의 말씀을 종합적으로 생각하면 세계는 과연 기로에 서 있습니다. 원자탄의 세력 아래에 있는 이 세계를 방임할 것입니까? 이 세계는 초토화될 것이며, 회진화灰塵化(재와 티끌이 되어 소멸됨)할 것입니다. 캐나다의 카드론 대학 물리학 조교수 이란만 박사는 1951년 2월 25일 수소 폭탄의 위력에 대하여 다음과 같이 발표하였습니다.

"이러한 수소탄 단 한 개가 폭발하면 1분 이내에 세계와 세계의 생물은 전부 분해되고 말 것입니다. 폭발로 인하여 연쇄반응을 일으켜 곧 세계를 일순간에 파괴할 것입니다. 이렇게 된다면 1분 사이에 지구는 작은 태양으로 변하고 고통은 별로 감각하지 못할 것입니다."

그러므로 미국에서는 대통령 이하 모든 사람이 여기에 대하여 많은 관심을 갖고 있습니다. 그런즉 이것을 면케 하고 참평화를 가져오게 하는 것은 교회밖에 없는 것입니다. 교회의 동향 여하로 세계는 좌우됩니다.

세계는 지금 일순간에 소멸당하느냐, 평화를 획득하느냐의 기로에 있습니다. 여기서 올바르게 이끌어 줄 자는 교회밖에 없습니다. 여기서 우리는 우리의 책임이 얼마나 중대한지를 깨달을 수 있습니다. 그러면 이를 구하여 줄 교회는 어떠한 교회냐가 문제입니다. 이것이 오늘날 우리 앞에 놓인 큰 문제인 것입니다. 우리는 기독교를 우리 앞에 펴놓고 이제는 적어도 2,000년의 역사를 검토하지 않을 수 없습니다. 위에서 생각한 바와 같이 목사의 동향은 곧 교회의 동향인 것입니다. 그러나 교회는 목사를 택합니다. 그렇다면 그 목사는 교회가 택하여 실행하는 것입니다. 이런 까닭에 우리는 다시금 교회에 중점을 두지 않으면 안 되는 것입니다.

그렇다면 이 교회를 움직이는 것은 무엇인가? 이는 곧 활동적 신앙인 것입니다. 위에서 논하여 온 현대의 가장 긴요한 요소는 활동적 신앙이라 하지 않을 수 없는 것입니다.

활동적 신앙이란 어떠한 신앙이냐?

우리가 생각하는 활동적 신앙은 여호수아가 말한 바와 같이 "나와 내 집은 여호와를 섬기겠노라"(수 24:15)라는 고백으로 표시되는 신앙입니다. 이 신앙이야말로 오늘날 한국뿐 아니라 전 세계가 요구하는 바요, 우리가 마땅히 취하여야 할 참된 활동적 신앙이라고 생각됩니다. 그러나 우리들의 동향은 어떠합니까? 인간 중심의 신앙을 갖고 있지 않습니까? 하나님 중심의 신앙이 참 활동적 신앙입니다. 미국을 개척한 청교도Puritan들의 신앙은 순전히 하나님 중심의 신앙이었습니다. 우리도 오늘날 이러한 신앙을 가져야 할 것입니다. 그들의 신앙은 결코 자본주의나 유물주의 중심의 신앙이 아니었습니다.

여기서 한 실화를 들어 보겠습니다. 어느 토요일 저녁 어떤 사람이 한 청교도인의 상점으로 물건을 사러 갔습니다. 상점 주인은 손님의 집이 어디인지 자세히 물어보았습니다. 그러고는 "아아, 그래요? 그러면 저는 그 물건을 팔 수 없습니다. 왜냐고요? 당신이 물건을 사서 댁까지 가시면 주일이 될 것이 아닙니까? 저의 이익을 위하여 다른 사람으로 하여금 안식일을 범하게 할 수는 없으니까요"라고 말하였습니다. 진정 청교도의 생활, 그들의 신앙은 미소微小한 것에서부터 대사大事에 이르기까지 이렇게 하나님 중심의 신앙이었던 것입니다. 이러한 활동적인 하나님 중심의 신앙이야말로 오늘날 미국의 융성을 이룬 대원동력이 아니고 무엇이겠습니까?

그 활동적 신앙은 기도로써 발로되는 것입니다. 재작년 미국 일리노이 주 로크 아일랜드의 오거스티나 대학 및 동 신학교에서 전 미국 신학생 협의회가 모였습니다. 이것은 3년에 한 번씩 모이는데, 이번이 제2회라고 합니다. 가입한 학교는 88개 신학교, 신학생 1만 명인데, 그중 대표 500명이 출석하였습니다. 44교파에서 모여든 이들 신학생의 총체적인 최대 관심은 기도에 관한 부분이었습니다. 그러므로 부흥회가 열릴 때 기도회에 참여하는 대표 수가 제일 많았다고 합니다. 우리는 세계 청년 신학생들의 동향을 묵과할 수 없습니다. 여기서 오늘날 우리도 기도에 더욱 중점을 두어야겠다고 생각하지 않을 수 없는 것입니다.

이것도 미국에서 일어난 실화인데, 한 국회의원 부인이 독실한 신앙인이었습니다. 그의 남편은 불신자로, 국회에 진출해 세계적으로 활동하고 있었습니다. 부인은 그를 신앙으로 이끌려고 애쓰다가 마침내 한 주간 금식기도를 하기로 작정하고 남편을 국회로 보낸 후 쓸쓸한 가정에 홀로 남아 눈물의 기도를 올리고 있었습니다. 전에는 도무지 집으로 갈 마음이 없던 그의 남편은 돌연 마음이 달라져 집으로 돌아가서 부인을 보게 되었습니다. 아내가 홀로 집에 남아 금식하고 눈물 흘리며 자기를 위하여 기도하는 것을 본 국회의원은 그날로 회개하였다고 합니다. 가냘픈 한 여인의 기도는 그의 남편, 미국의 한 국회의원을 회개시켰습니다. 이로써 미국 국회는 올바른 곳을 향해 걸어갈 수 있는 한 표를 더 얻게 되었고, 이리하여 전 세계는 바른길을 향한 진로에 좀더 큰 원동력을 갖게 된 것입니다. 그렇습니다. 활동적 신앙은 기로에 선 세계를 위하여 기도로 그 진로를 열어 주는 것입니다.

활동적 신앙이 기로에 선 세계를 위하여 행할 수 있는 열심은 전도입니다. 미국 어떤 신학교에서는 아프리카 위험 지대에 선교사를 보낸 일이 있습니다. 그런데 그가 거기서 순교하였습니다. 그 후 선교사를 모집하니 6인의 지원자가 있어 2인을 보냈고, 그들도 순교하였습니다. 다시 학교 당국에서 지원을 요청하자 졸업생 전원이 지원하였습니다. 우리는 이와 같은 활동적 신앙을 든든히 가지고 기로에 선이 세계를 생명과 평화와 구속의 세계로, 예수 그리스도의 생명과 진리의 길로 인도하여야 하겠습니다.

〈신학정론〉 제3권 1호(1953)

한국이 요구하는 인물

민수기 12장 1-16절

브람웰 부스 대장이 참모총장으로 있던 1901년 초두에 "20세기가 요구하는 인물"이란 글을 발표하였고, 그 이전 브람웰 부스의 아버지 윌리엄 부스 대장[1]은 "1891년이 요구하는 인물"이란 글을 발표하였습니다. "1954년에 한국이 요구하는 인물"이란 제목으로 여러분께 말씀드리게 되어 나에게 이보다 더 큰 기쁨은 없다고 생각하는 바이니, 1954년도 한국이 요구하는 것 역시 인물인 것입니다. 물자가 없는 것이 아니니 삼천리금수강산은 무엇 하나 없는 것이 없습니다. 오늘에 한국의 황폐한 이 모습은 순전히 사람에게 달렸다는 것을 알아

1. William Booth, 1829-1912. 구세군 창설자.

야 합니다.

그런즉 '어떠한 인물을 요구하느냐?'에 대해서는 이스라엘 민족의 역사를 떠나서는 생각할 수 없습니다. 당시 이스라엘이 환난 중에 있을 때 그 나라는 모세와 같은 인물을 요구하였다고 볼 수 있습니다. 그러면 오늘날 한국도 이스라엘 민족과 같은 입장에 있다고 할 수 있으니, 그와 같은 인물을 요구한다고 할 수 있습니다. 당시 그들의 골육상쟁骨肉相爭이 그의 3형제 가운데에서 일어난 것을 비롯하여 고라의 동란動亂이 이를 보여 줍니다. 그때 하나님께서 바로 말씀하셨으니, 이러한 상황에서 모세가 그 민족들이 요구하는 인물인 것입니다. 그런즉 우리도 모세와 같이 되면 이 나라가 요구하는 인물이 될 수 있으리라고 생각합니다.

첫째, 겸손한 인물을 요구

본문 3절에 "모세는 지면에 있는 모든 사람보다 심히 겸손한지라"라 하신 말씀을 갖고 생각하면, 그 민족들이 그를 요구할 수밖에 없었습니다. 겸손이란 아나바עֲנָוָה인데 이드바쉬ידבש로부터 온 말로 '실행하다', '겸허하다', '압박당하다', '비판을 당하다'란 뜻으로 특별히 모욕을 당할 때 참는 것을 말합니다. 모세는 그 민족을 위하여 활동할 때 많은 모욕을 당하였으나 참고참아 견디며 겸허하고 자기의 몸을 돌보지 않고 희생하였습니다. 특별히 하나님을 반대하는 자들이 주는 어려움을 그대로 참되 자기의 지위나 자기의 입장을 조금도 돌보지 않고 자기를 부정하는 생활을 하였다고 해석할 수 있습니다. 그런즉 그의 겸손이란 자기를 반대하는 형제들의 비난을 받아도 참고 견디며, 또한 하나님을 비난하고 반대하는 것도 자기가 받아 자기를 부정하며 하나님 편에 서서 어려운 짐을 지고 겸손한 마음으로 최선을 다하여 사명을 다하려는 순전한 정신으로 볼 수 있습니다.

오늘 한국이 요구하는 인물도 3,000만의 책임을 자기 한 몸에 걸머지고 3,000만을 위하여 희생 정신을 갖고 자기를 부정하며 그 민족을 위하여 자기에게 오는 고생을 참아 가면서 그 민족을 살리려는 정신을 가져야 할 것이니, 이는 참으로 한국이 요구하는 인물이라 생각합니다.

둘째, 충성된 인물을 요구

본문 7절에 "그는 나의 온 집에 충성되니라"라고 하였습니다. 충성이란 아만אָמַן인데, 즉 모세가 최고 권위자의 직분으로 충성스러워야 하는 것을 말합니다. 그런즉 맡은 바 직분에 충성하는 것으로, 진실무망하며 속임이 없고 정직하게 맡은 바 직무에 죽도록 충성을 다하는 것을 말합니다. 모세는 하나님의 집에서 종으로 충성스럽게 최선을 다하여 열심으로 활동하였습니다. 그리하여 하나님의 친구란 칭호를 듣고 하나님의 신임을 받은 자가 되었습니다.

그러면 한국도 오늘 이렇게 직분에 충성스러운 인물을 요구하는 줄로 믿습니다. 요셉은 죽도록 충성한 인물이요, 바울도 자기의 맡은 바 사명에 대하여 죽도록 충성한 것을 알 수 있습니다. 그뿐 아니라 스데반은 집사로 주의 복음을 위하여 순교의 순간까지 충성을 다하였습니다. 오늘까지도 그의 충성은 우리의 모본이 되어 내려옵니다. 한국에 충성스러운 인물이 몇 분이나 됩니까? 여러분, 오늘 한국이 요구하는 충성스러운 인물이 되어 주시기를 바랍니다.

셋째, 기도의 인물을 요구

본문 13절에 "모세가 여호와께 부르짖어 가로되 하나님이여 구하옵나니 저를 고쳐 주시옵소서"라 하였습니다. 그는 기도의 사람입니다. 자기 누이뿐만 아니라 전 민족을 위하여 간절히 기도한 사람입니다. 그는 언제나 자기 민족을 위하여 기도할 때 응답을 받았습니다. 광야에서 이스라엘 민족이 금송아지를 만들어 하나님 대신 경배함으로 인하여 하루에 3,000명이나 죽임을 당한 것을 보고, 그는 "여호와 앞에 나아가 여짜오되 이 백성이 금으로 신상神像을 만들어 큰 죄를 범하였사오니 주여 이제 저희의 죄를 사하시옵소서 그렇지 아니하면 내 이름을 거룩한 책에서 도말하옵소서"[출 32:31-32]라고 하였습니다. 모세는 그의 백성과 자기 생명을 바꾸려는 대속의 간절한 기도를 하였음을 알 수 있습니다. 이것은 참 진정한 기도이니 하나님이 들으신 것입니다. 우리의 정오 구국기도가 모세와 같은 기원이 될 수 있기를 바랍니다. 하나님이 우리의 이 기도를 들으시고 이 백성을 죄악에서 구원하여 주시기를 바랍니다.

모세와 같은 인물을 찾으려면 충무공(이순신)인 줄로 생각합니다. 임진란에 죽어 가는 조국이 다시 살아난 것은 충무공으로 말미암아 된 것이니, 그때 그는 조국이 요구하는 인물이었음을 알 수 있습니다. 그는 모세와 같이 겸손의 사람이니, 원균元均이 그를 모함하였으나 조금도 그를(원균을) 해하지 않고 최후까지 전 민족을 대표하여 중책을 한 몸에 짊어지고 참고참았으며 모욕을 개의치 아니하였습니다. 그는 과연 겸손의 사람이요, 죽도록 조국에 충성하였을 뿐 아니라 죽은 몸으로도 나라에 충성한 위대한 인물입니다. 그리고 그는 모세와 같이 하나님께 승리를 달라고 기도한 사람이라 생각합니다. 그가 최후의 결전에 임하게 될 때인 무술(1598년) 12월 18일 밤 삼경에 하늘에 기원하였으니 이 기도를 하나님이 들으시사 최후 승리케 하신 것으로 믿습니다. 그런즉 임진란보다 더 심한 오늘날, 하나님께 진정으로 기도하되 그 민족의 죄를 대신하여 자기의 죽음으로 바꾸려는 대속적 기도의 인물을 요구합니다.

〈복음세계〉 제1권 2호(1954)

2. 복음의 진수와 신학

기독교는 무엇인가?

요한복음 3장 1-15절

'기독교란 무엇인가'란 기독교에서 가장 중요한 문제 가운데 하나라고 생각합니다. 여기에 대한 견해도 신학자들에 따라 다를 것이며 수백으로 산散한 교파를 보아도 알 수 있으나, 공통되는 점 또한 반드시 있으리라고 생각합니다. 먼저 기독교의 유래를 고찰함으로써 그것을 알아보고자 합니다.

'기독교인Christian'이라는 낱말은 성경에 없습니다. 기독교인을 표현하는 헬라어 '크리스티아노스Χριστιανός'는 형용사로, 성경에는 세 번, 곧 사도행전 26장 28절과 11장 26절, 베드로전서 4장 16절에 기록되었을 뿐입니다. '기독인'이란 의미의 '크리스티아노스'는 '기독', 즉 '크리스토스Χριστός'라는 낱말의 형용사로 '그리스도에게 속한 자' 라는 의미입니다. '크리스토스' 라는 말은 성경에 365회 기록되었는데 '기름을 부었다' 는 의미이며 히브리 어음으로는 '메시아' 라고 합니다. 이는 우리 구주의 이름과 관련한 세 가지 직분의 총칭이라고 할 수 있습니다. 이로 미루어 기독교란 외관상으로 관찰하면 그리스도께 속한 사람들의 집단을 가리키는 것이라고 할 수 있겠습니다.

브리태니커 백과사전에 "기독교"라는 좋은 논문이 기재되어 있는데 기독교의 유래를 잘 밝히었다고 생각하여 소개하려 합니다.

> 기독교란 처음으로부터 세상의 일반적 정치 또는 도덕적 생활의 조그마한 영향이라도 받은 것이 없다. 항상 반드시 기억할 것은 기독교란 단순히 교회나 신학이나 기독교인의 윤리가 아니라는 것이다. [중략] 또한 기독교는 인생 생활의 지적 방면의 모든 영향에 힘 있게 도움 받아 된 것이 결코 아니다.

브리태니커에 따르면, 소위 신화론자들은 기독교가 상당한 시대를 경과한 자연 세력의 산물이라고 하는 데 절대 반대하였고, 또한 기독교란 예수의 종교가 아니라 다만 이것이 로마의 문화와 헬라의 철학과 동방 접신술의 영향을 받아 점차 장성하여 형성되었다고 하는 튀빙겐 학파의 주장과는 전연 다른 것이라고 강조하였습니다.

그리하여 기독교란 어떤 것인가에 대해 다음과 같이 고조高調(강조) 하였습니다.

> 기독교인의 종교는 두 가지 사실들의 결과이다. 그러므로 그 가운데 어느 것이든지 없이할 수 없는 것이다. 참 의의를 말한다고 하면 첫째, 객관적 요소다. 이것은 구원의 목적을 위하여 하나님의 표현과 계시로부터 당신의 백성에게 형성된 것이다. 둘째는 주관적 요소이니 이것은 하나님의 표현의 차이로 말미암아 성립되었고, 또한 이것은 신앙을 통한 사람으로 말미암아 된 것을 암시하는 바이다. 이 두 요소가 결합되어 새 생명의 요소로 형성된다. 이것을 모든 그리스도인은 보통으로 소유하였고 또한 이것이 기독교의 본질이다.

여기서 기독교의 유래를 밝히 알 수 있다고 생각하여 이것을 개별적으로 검토하여 결론을 지어 보려고 합니다. 누구나 이것을 세 부분, 즉 객관적 요소와 주관적 요소 그리고 이 두 요소의 합치 결과 등으로 나누어 고찰할 수 있다고 생각합니다.

첫째, 객관적 요소

위에서 본 "하나님의 표현과 계시"는 분명히 '그리스도'를 가리키는 것이라 생각합니다. 그런데 그리스도께서 "나를 본 사람은 아버지를 보았거늘 어찌하여 아버지를 보여 달라 하느냐"라고 말씀하셨고, 또한 "아버지와 나는 하나"라고 말씀하셨습니다(요 14:9-10 참조). 이제 우리가 공관복음을 고찰하면 그리스도의 초자연성은 문제되지 않는 것입니다. 요한은 자기 저서에 분명히 그리스도는 하나님이시라는 것을 기록하였습니다. 이것은 3년 동안 친히 듣고, 눈으로 보고, 주목하고, 자기 손으로 만져 보았기 때문입니다. 동시에 완전한 인성을 소유하신 것을 사복음서를 통하여 확실히 알 수 있습니다.

H. W. 비벌 씨는 "이해키 어려운 예수 그는 누구시뇨?"라는 제목으로 쓴 설교문에 그리스도는 하나님-사람, 즉 하나님의 아들과 인자 하나님이 인류의 육체 가운데 나타나셨다고 하여 이 사실을 삼분三分하여 증명하였습니다. 즉 비벌 씨는 그리스도의 성격과 그리스도의 주장, 역사 가운데 나타난 그리스도의 능력 등으로 나누어 상술하였고, 이 내용을 간단히 소개하면 다음과 같습니다.

비벌 씨는 그리스도의 성격에 대하여는 인성과 신성을 같이 고찰하지 않고는 이해할 수 없다고 말하며, 즉 그리스도는 신이요 사람이라고 하여 도성인신道成人身의 교리를 강조하였습니다. 신인神人이신 완전한 존재자께서 친히 하나님이심을 말씀하셨으니 우리가 조금도 의심할 바 아니라고 하였고, 더욱 흥미 있게 읽은 것은 역사적 사실 가운데 십수 인의 유명한 사람들이 그리스노는 신이라고 주장한 것을 소개한 대목입니다. 예를 들면, 셸린[1] 같은 이는 "예수는 합신인

체"라고 하였고, 최후까지 그리스도를 반대하던 유명한 루소는 "만일 소크라테스의 생활과 죽음을 성인의 생활과 죽음이라고 하면 그리스도의 생활과 죽음은 하나님의 생활과 죽음이다"라고 하였다 합니다. 과연 성경을 고찰하면 하나님께서 친히 말씀하시기를 "너는 내 사랑하는 아들이다"라고 하시었고, 마귀도 주님을 향하여 "당신은 제일 높은 하나님의 아들이다"라고 하였으며, 천사는 말하기를 "구주시요 그는 그리스도 주시니"라고 하였습니다. 도마는 그리스도의 신성에 대하여 제일 많은 의심을 가지었는데, 주님을 친히 보고는 주님을 향하여 "내 주 내 하나님이라" 하였습니다(요 20:28).

이상에서 본 바와 같이 누구나 그리스도께서 하나님의 계시이신 진신진인眞神眞人인 것을 알 수 있으리라 생각하여, 객관적 요소인 그리스도에 대하여는 여기서 더 이상 고찰하지 않으려고 합니다.

둘째, 주관적 요소

이는 분명히 그리스도를 믿는 사람을 가리킨 것입니다. 인생 문제는 전에도 생각한 바 있었으나 중대한 과제라 아니할 수 없습니다. 그러나 여기서는 단순히 사람의 상태, 다시 말하면 그리스도인들이 신앙하기 전의 형편을 고찰하려 하는데 이것은 죄의 상태입니다. 우

1. 프랑스 소설가 루이 페르디낭 셀린Louis Ferdinand Céline(1894-1961)을 가리키는 것으로 보인다.

리들 곧 그리스도의 사람들은 다 죄인이라는 것을 인식합니다. 그렇지 않으면 그리스도가 필요 없기 때문입니다. 이 문제에 대하여 밝혀 놓은 이는 댈러스신학교 교장 세이퍼[2]입니다. 세이퍼 교수는 이것을 사분四分 하였는데, 첫째, 우리가 세상에 나면서부터 아담의 타락된 성품을 유전해 받았으며, 이것은 아담의 죄의 결과가 나 자신에게 표현된 것이라는 것입니다. 둘째, 우리 사람은 죄 때문에 죽음에 매였다는 것입니다. 셋째 모든 사람에게 심판이 이를 것을 주장하였고, 넷째 모든 사람은 죄로 인하여 타락하였음을 주장하였습니다. 이는 성경이 밝히 말씀하였나니 "우리 모든 사람은 죄를 범하였다. 의인이 없으니 우리 가운데 하나도 없다 하셨다"고 고조하였습니다. 이는 물론 성경을 토대로 한 죄악관이라는 것을 누구나 알 수 있습니다.

이제 우리 자신을 각각 생각해 보면 이것이 사실임을 알 수 있습니다. 제 소원이자 이상理想은 그리스도의 마음을 품는 것인데 아무리 하여도 도무지 주님의 심사와 언행대로는 불가능합니다. 실례를 든다면 저는 언제든지 주님의 겸손하심과 같이하려고 하나 겸손이 겸손이 되지 못하여 여러분께 불쾌를 일으키는 때가 한두 번이 아니라 생각합니다. 지난밤 꿈 속에 어떤 분이 저를 향하여 "네가 교만하다고 하더라" 하는 말을 듣고 꿈에서도 참으로 섭섭했습니다. 교만은

---

2. Lewis Sperry Chafer, 1871-1952.

사람을 망하게 하는 것인 줄 알지만 이것이 아직도 남아 있기 때문에 꿈에서도 이러한 말을 듣는 것이 아니겠습니까? 또한 말하는 것만 해도 적어도 강단에서만이라도 성화聖化의 말이 되기를 간절히 원하였으나 얼마나 아름답지 못한 말을 사용했는지는 여러분이 잘 아실 줄 압니다. 그뿐만 아니라 여러분께 하나님의 진리의 말씀을 그대로 소개하여 그것에 대한 감사와 기쁨이 넘쳐 하나님께 찬송과 영광을 돌리게 하는 것이 제 직무이겠으나 오히려 여러분의 마음에 불쾌를 일으켜 참된 예배가 되지 못하게 한 것이 한두 번이 아니라는 것을 여러분이 저보다 더 잘 아시리라 생각합니다. 행위에서 법에 걸릴 만한 일은 없었을 것이요, 혹시 여러분께도 그렇게 거슬릴 만한 것이 없었는지 알 수 없으나, 내가 나 자신을 돌이켜 보면 부족한 것밖에 없습니다. 형제들의 마음에 불쾌를 일으킨 것도 많을 것이나, 나의 마음속에서 생각한 부족한 것을 그대로 그림이나 글로 표현한다면 아마도 부끄러워 도망갈 수밖에 없을 것입니다. 이러한 점에서 저는 죄인이라고 고백할 수밖에 없습니다.

누구든지 사도 바울이야 성경 가운데서도 가장 유명한 인물의 하나이기에 죄가 없으리라 생각할지 모르겠으나 그는 친히 "나는 죄인의 괴수"라고 하였고, 또한 "오호라 나는 괴로운 사람이로다 내가 선을 행하려고 할 때에 악이 함께하도다"라고 탄식했습니다(롬 7:21-24; 딤전 1:15 참조). 프랑스의 어떤 유명한 성자 한 분이 과거의 자기 죄가 생각나서 "나는 악한 죄인이오!"라고 시내를 외치면서 다니던 중 마침 살인범을 잡으려고 다니던 경관에게 잡혀 살인범으로 취급받다가 지인의 알선으로 풀려났다고 하는 이야기를 언제인가 여러분에게 소개한 것 같습니다. 이런 이야기들은 우리 신자들이 과거, 현재, 미래의 죄인임을 고백하는 것이라 생각합니다. 따라서 한 가지 잊을 수 없는 것은 기독교는 죄인을 필요로 한다는 것입니다. 죄가 없다면 기독교란 있을 필요가 없는 것입니다. 마치 병자가 없으면 의사가 필요하지 않은 것과 같습니다.

셋째, 두 가지 요소의 합치의 결과

위에서 본 대로 두 가지, 즉 객관적 요소이신 그리스도와 주관적 요소인 사람(인성)과 결합한 결과, 새 생명의 성분 요소로 구성되는 것을 말합니다. 이 구성체를 가리켜 곧 '기독교'라고 하는 것입니다. 만일 그리스도는 그리스도대로 사람은 사람대로 나뉘어 있다면 기독교란 결코 성립될 수 없을 것입니다. 수소 2분자와 산소 1분자가 화합하여야 비로소 물이 될 수 있는 것처럼 그리스도와 사람의 결합이 있어야 참으로 기독교가 성립되는 것입니다. 이것의 구체화는 죄인인 사람이 새 생명을 받아 재생再生에 도달하는 것이며 기독교는 이러한 사람들의 집단체를 가리키는 것입니다. 이 교리에 대하여는 《복음의 진수》[3]에 밝혔다고 생각하여 여기에서는 생략하려고 합니다.

또한 "기독교의 본질"이라는 나의 설교문을 읽어 보신 이 가운데 혹 의심을 갖고 반문하실 분이 있을지 알 수 없으나 결코 오해하지 마시기 바랍니다. 거기서 본질이란 순전히 '속죄'를 말함인데 여기서는 사람의 그 무엇이 결단코 혼합되지 않고 순전한 그리스도의 역사요, 이것이 우리 사람에게 효과로 나타나 구원케 되는 그 모든 작용이 사람에게 있지 않고 전부가 삼위일체이신 하나님께 있다는 것입니다. 그렇다고 해서 나를 필요조건으로 하지 않는다는 것은 결코 아닙니다. 이 모든 역사가 전부 하나님께 달렸기 때문에 우리가 받은 구원이 은혜라는 것을 우리는 밝히 알고 있습니다.

그런데 본제는 기독교라는 것이 집단체를 가리키어 이것이 어떻게 나타났느냐 함에 대한 외관적 상태를 말함이요, 결코 그의 작용 또는 역사에 대한 주체를 논하는 것은 아니라는 점을 우리는 거듭 기억해 둘 필요가 있습니다. 인간을 본의로 하여 모든 것이 인간의 생활로 되었다는 사람이라면 우스운 것으로 생각할지 알 수 없으나 하나님을 중심으로 하고 전부가 하나님의 주권으로만 되었다고 믿는 그리스도의 사람들에게는 이것이 하등 문제될 것이 없습니다. 이 글이 객관인 그리스도와 주관인 나와의 결합이라고 해서 하나님의 경륜과 역사를 감정하는 것은 결코 아님을 누구나 알 것입니다. 여기에 그리

3. 김치선, 《복음의 진수》(1940).

스도는 주동적으로서의 객관을 가리킴이요, 사람이라는 주관은 순전히 피동적이라는 것을 알아야 할 것입니다.

이렇게 생각하면 우리에게 어렵게 추상될 것이 없으리라고 믿습니다. 위에서 본 진화론적 견해나 소위 튀빙겐 학파의 주장과는 전연 다르다는 것을 누구나 생각할 수 있습니다. 전자는 물론 신의 존재를 전부 부인하는 것이니 우리에게 문제될 것도 없고, 후자도 순전히 하나님의 주관에 대하여 부인한 것으로 역시 일종의 진화론적 견해에서 지날 것이 없습니다. 가령 이것이 사실이라고 합시다. 그렇다면 어떻게 기독교에서 사람 이상의 권위자가 존재한다는 것을 인식할 수 있어 그에게 예배하며 그를 경외할 수 있겠습니까? 또한 사람은 죄인이라고 하는 관념이 어디에서 일어난 것입니까? 나는 죄인이라 나로서는 구원함을 받을 수 없다는 생각은 벌써 나 이상의 어떠한 숭고하고 거룩한 이가 있다는 것을 의미하는 것이 아니겠습니까? 그렇다면 기독교가 자연히 진화되었다는 말과는 이미 모순되는 것이라 생각합니다. 그러한 까닭에 저들 가운데 절대의 권위자가 계셔서 진화 법칙을 사용해서 만든 것이라고 합니다. 만일 이것이 저들의 참주장이라고 하면 이제 기독교의 주체가 인간 이상 되시는, 즉 절대의 권위자가 존재한다는 것을 인정하는 것이라고 생각합니다.

그러면 이 절대의 권위자께서 진화의 법칙을 사용하지 않고 능히 하실 수 있겠다는 것을 추측할 수 있으리니, 튀빙겐 학파가 주장하는 헬라의 철학과 로마의 문화와 동양 접신의 영향을 받아 점차 성장된 것이라는 말은 자연히 부정하는 것이라 할 수 있습니다. 사도 바울이 "내 어머니의 태로부터 나를 택정하시고 은혜로 나를 부르신 이가" [갈 1:15], 또한 "곧 창세전에 그리스도 안에서 우리를 택하사 우리로 사랑 안에서 거룩하고 흠이 없게 하시려고 그 기쁘신 뜻대로 우리를 예정하사 예수 그리스도로 말미암아 자기의 아들을 삼으셨으니 이는 그의 사랑하시는 자 안에서 우리에게 그저 주시는 바 그의 은혜의 영광을 찬미하게 하려는 것이라"[엡 1:4-6] 하신 말씀을 가지고 생각하면, 하나님께서 주관인 사람을 필요로 하되 전부의 역사는 순전히 당신에게만 있다는 것을 증명하는 것이라 믿습니다. 여기서 기독교란 어떠한 것임을 알 수 있으리라고 생각합니다. 이것이 나의 신앙인 동시에 여러분께서도 주관적 죄인인 자신에게 객관적·자동적이신 그리스도께서 오셔서 결합하사 재생케 하신 자들의 집단인 것을 밝히 인식하시사 많은 복을 받으시기 바랍니다.

〈신학지남〉 제24권 1호(1955)

복음적 생활의 종극적 목적

그리스도를 복음적 생활의 강령으로 삼고 그분 안에서 항상 사는 것을 생활의 방식으로 하여 영적 생활을 영위하는 자들의 종극적 목적이 무엇인지 최후로 생각하지 아니할 수 없습니다. 웨스트민스터 요리문답 제일문에 "사람의 제일 되는 목적이 무엇이뇨? 사람의 제일 되는 목적은 하나님을 영화롭게 하고 영원토록 하나님을 기꺼워하는 것이니라"라고 하였습니다. 이는 로마서 11장 36절에 있는 "이는 만물이 주에게서 나오고 주로 말미암고 주에게로 돌아감이라 영광이 그에게 세세에 있으리로다"라는 말씀을 토대로 한 것이라 생각합니다. 이것이 복음적 생활의 종극적 목적입니다.

다만 문제되는 것은 어떻게 하나님을 영화롭게 할 수 있느냐 하는 것입니다. 시편 33편 2절에 있는 "열 줄 비파로 하나님께 찬양할지어다" 하신 말씀에 의지하여 생각하려고 하나니, 이는 현재에 복음적 생활하는 자들도 열 줄 비파로 하나님을 영화롭게 하고자 함입니다.

히브리 사람들의 악기를 세 종류로 나눌 수 있습니다. 첫째, 타악기[대고, 소고 같은 것들], 둘째, 현악기[거문고, 비파 같은 것들], 셋째, 관악기[통쇠와 나팔 같은 것들]입니다. 그런데 열 줄 비파는 현악기의 일종이니 하프와 같은 것이라 추측할 수 있을 것이나 좀 다를 듯합니다. 열 줄 비파를 영어 번역은 열 줄 악기라고 하였습니다. 이는 히브리 원어 아솔עָשׂוֹר, 네벨נֵבֶל의 번역인데 아솔은 열이란 뜻이요, 네벨은 관, 수병, 잔이란 뜻입니다. 제롬[1]에 의하면 이것은 삼각형을 전도顚倒(거꾸로)한 것과 같은 형상으로 그 모양에 따라 이름 지은 것인데 수병(물병)이나 피라미드[금자탑], 혹 원추형 같은 것이라 하였습니다. 오늘날에도 물건의 모양을 따라 이름 짓는 것을 많이 볼 수 있습니다. 오늘 꼭 이와 같은 악기가 있는지 아직 보지 못하였고, 성경에도 같은 원어가 기록된 데는 두 곳, 즉 시편 33편 2절과 144편 9절뿐입니다. 당시 히브리 사람들이 일반적으로 사용한 악기인지 알 수 없으나 성경에는 하나님을 찬양하는 때에만 사용하였다고 합니다.

이제 이 열 줄 비파로 하나님을 찬양하여 영화롭게 하려고 함에 대

1. 교부 히에로니무스Eusebius Hieronymus(345?-419?)의 영어 이름.

하여 신구약 전서를 통하여 누구의 곡조[tune]가 제일 좋았으며, 거기서 나타난 멜로디[시율, melody]가 하나님을 찬양하였는지에 대하여는 추측할 수 있겠지만, 그중 가장 완전하게 된 것은 누가복음 19장 1-10절의 말씀이라고 생각합니다. 이는 열 줄 비파에 탄 곡조가 가장 완전하며, 따라서 거기서 나타난 그 아름다운 멜로디는 하나님을 참으로 기쁘시게 하였다고 믿습니다. 이 기사를 잘 아시는 신자들은 열 줄 비파가 무엇을 가리키는지 상상할 수 있다고 생각하나니, 이는 삭개오 자신을 의미하는 것입니다. 이것을 미루어 생각하면 복음적 생활을 하는 사람을 가리켜 열 줄 비파라 할 수 있습니다. 그러면 열 줄은 무엇을 말하는 것인지 누구나 물을 것이므로 다음에 삭개오에 대한 기사를 중심으로 하여 열 줄과 곡조와 또한 거기에서 나타난 좋은 멜로디를 소개하려 합니다.

두 눈

두 눈은 자신을 열 줄 비파로 생각하는, 복음적 생활을 하는 사람의 두 줄입니다. 하나님께서 제일 좋아하시며 즐거워하시는 멜로디를 삭개오에게서 찾을 수 있습니다. 첫째, 자기의 단처短處(단점)를 본 것입니다. 주님께서 "네 동생의 눈에 있는 티를 보지 말고 먼저 네 눈에 있는 들보를 보라"[2]라고 말씀하셨으나, 뭇 사람들은 자기의 큰 허물은 보지 못하고 도리어 남의 적은 허물을 봅니다. 삭개오보다 덜하지 아니한 죄를 가진 그들이었으나 그들 자신은 보지 못하고 삭개오만 보고 죄인을 영접한다고 원망한 것입니다. 하나님께서 원치 아니하시는 것은 자기 죄과를 보지 않고 남을 보는 것이라 생각합니다. 그런 고로 주님께서 "화 있을진저 회칠한 무덤 같은 바리새인과 서기관이여"라고 책망하신 것입니다. 누구나 아는 바로 어떠한 교회든지 불화가 있어 그 내용을 조사하면 자기 죄과를 보지 못하고 형제의 실수만 보는 사람이 있기 때문입니다. 그러나 그 사람의 과거를 살펴보면 몇 배나 악한 것이 있음을 봅니다. 이와 정반대로 삭개오는 자기가 키 작은 것을 본 것뿐 아니라 세리로 죄인이라는 것을 밝히 보았으니 하나님께서 참으로 즐거워하시는 멜로디라고 믿습니다.

이보다도 더 귀한 것이 있으니, 둘째로 삭개오는 주님을 보려고 애쓰다가 원대로 그의 눈으로 본 것입니다. 당시 하늘의 가르침으로 생각하는 대중은 다 주님을 보았을 것이나 시기의 눈으로 보는 사람들도 있었을 것이요, 책잡으려고 보는 사람들도 있었을 것이니, 이는 하나님이 원치 아니하는 것입니다. 또 이적을 보려 하거나 떡을 얻어 먹으려고 보는 사람들도 있었을 것이니, 이도 하나님께서 기뻐하시는 멜로디가 아닙니다. 그러나 주님을 살아 계신 하나님의 아들 예수 그리스도로 보는 눈들과 구주로 보는 눈들은 참으로 아름답고, 이것

---

2. "어찌하여 형제의 눈 속에 있는 티는 보고 네 눈 속에 있는 들보는 깨닫지 못하느냐"(마 7:3)

이 하나님의 기뻐하시는 멜로디라 생각하나니 삭개오의 눈은 이러한 눈인 고로 주님이 그의 집에 머무르신 것입니다.

셋째로 삭개오는 주님의 "잃어버린 자를 찾아 구원하려 왔노라" 하신 말씀대로 자기를 통하여 자기와 같은 가련한 군중을 보았을 것이니 이는 참으로 아름다운 멜로디였습니다. 그러나 아합은 나봇의 포도원을 보고 탐욕이 생겨 살인하였고, 자기 부인 이세벨만 보았습니다. 오늘도 장가들려고 여자 보러 교회에 오는 사람도 있고, 금전을 보고 탐이 나서 오는 사람도 있고, 무슨 지위를 보고 그것을 얻으려 열심으로 출석하는 사람이 있어 갖은 추태를 보이는 일이 많으니, 이는 하나님께서 결코 즐거워하시는 것이 아닙니다. 반대로 사망의 바다에서 고통 받고 있는 영들을 보고 자기의 전 생명을 다 바쳐 구령의 위대한 역사를 하는 자들이 얼마나 많은지 알 수 없으니, 이는 참으로 하나님이 즐거워하시는 좋은 멜로디라고 믿습니다.

자기 자신이나 주위의 대중은 볼 수 있으나 어떻게 세상에 계시지 아니하신 주님을 볼 수 있을까 의문을 가지는 이가 있을지 알 수 없으나 복음 생활하는 자에게는 이것이 조금도 문제될 것 없습니다. 그것은 영의 눈으로 항상 볼 수 있기 때문입니다. 그런고로 히브리서 12장 2절에 "예수를 바라보자"고 하신 것이니, 이는 하나님께서 제일 기뻐하시는 것 가운데 하나라고 믿습니다. 과연 스데반은 하나님 우편에 앉아 계신 그리스도를 친히 본 것입니다.

두 귀

두 귀는 자신을 열 줄 비파로 생각하는, 복음적 생활을 하는 사람의 다른 두 줄입니다. 삭개오는 뽕나무 위에서부터 주님의 음성을 듣기 시작하여 자기 집으로 가는 노상路上에서, 또한 자기 집에서, 적어도 이틀 동안은 자세히 들었을 것이라 생각합니다. 이제 삭개오에게 주님의 음성이 어떻게 들렸을 것인가에 대하여 다음과 같이 추측할 수 있습니다.

첫째, 주님의 말씀은 분명히 사랑의 음성으로 들렸을 것이니 자기의 사랑하는 어머니에게도 듣지 못하던, 일생을 통하여 처음 듣는 사랑의 음성이었을 것입니다. 세리이며 죄인인 자기 집에 하나님의 독생자이신 거룩하신 그리스도께서 재림하시사 생명의 말씀을 하시되, 특별히 자기와 같은 죄인을 위하여 오셨다는 말씀과 죄사함을 받으라는 말씀을 들을 때 그는 그 사랑의 음성에 감격의 눈물을 흘리지 아니할 수 없었을 것입니다.

둘째, 주님의 말씀이 믿음의 음성으로 들렸을 것이니, 죄인인 그가 오직 사랑하시는 주님의 말씀만 믿어야 구원을 얻을 수 있으리라고 어구어구마다 느꼈을 것이라 믿는 까닭입니다. 뽕나무 위에서 주님의 말씀을 듣고 내려와서 토색討索(돈이나 물건을 억지로 달라고 하는 것)한 것이 있으면 네 배나 갚겠다고 고백한 삭개오의 말을 통해 그에게 굳은 믿음이 있었음을 알 수 있고, 특별히 "오늘 구원이 이 집에 이르렀으니"(눅 19:9)란 주님의 말씀은 직접적으로 그에게 믿음의 음성으로 들렸을 것입니다.

셋째, 주님의 말씀이 희망의 음성으로 들렸다고 생각하나니 주님을 모시고 자기 집에 가서 주님 앞에 앉아 열심으로 주님의 말씀을 듣는 그 순간에는 재산도, 가족도, 지위도 다 돌아볼 여지가 없이 오직 주님만 바라보고 그의 말씀에 귀를 기울였을 것이며, 밤이 깊어 자리에 누우면서도 날이 밝으면 주님의 말씀을 들으리라는 것이 유일의 소망이었을 것입니다. 이러한 점에서 주님의 말씀은 희망의 음성으로 화化하였을 것이나 무엇보다 직접 듣는 주님의 말씀 자체가 유일의 희망이 되었다고 믿습니다. 이는 삭개오가 그 말씀으로만 자기 영이 살 수 있음을 알았기 때문일 것입니다.

주님께서 자기의 말씀을 듣는 것이 무엇보다도 아름답다고 친히 말씀하신 일이 있다는 것은 누구나 잘 아는 사실입니다. 주님이 마르다의 집에서 유하게 되었을 때, 동생 마리아는 주님 앞에 앉아 열심으로 주님의 교훈을 듣고 있었고 마르다는 부엌에 나가 열심으로 음식을 준비하고 있었습니다. 마르다는 자기가 하는 일이 더 중대한 것인 줄 알았기 때문에 도리어 마리아를 나무라고 주님께 청하여 마리아가 자기를 돕게 하여 달라고 하였습니다. 그때 주님은 자기를 위하여 음식을 준비하느라고 수고하는 마르다를 향하여 "마르다야 마르다야 네가 많은 일로 염려하고 근심하나 그러나 부족한 것이 하나 있도다 마리아는 이 선한 직분을 택하였으니 빼앗지 못하리라"(눅 10:41-42 참조) 하셨으니 이 얼마나 주님의 말씀을 듣는 것이 귀합니까? 이는 하나님께서 즐거워하시는 멜로디이기 때문이라고 생각합니다.

두 손

두 손은 자신을 열 줄 비파로 생각하는, 복음적 생활을 하는 사람의 다른 두 줄입니다. 키가 작은 삭개오가 두 손으로 뽕나무 가지를 붙잡았을 때 군중이 그를 보았는지 알 수 없고, 만일 보았다 하여도 무의미하게 보았을 것이나 주님은 한없는 기쁨으로 그의 두 손을 보았을 것입니다. 삭개오는 여기에만 그치지 않고 주님께 잡수실 것을 드렸고, 또한 잠자리를 펴드려 주님을 평안히 주무시게 하였을 것이니 그의 두 손은 하나님이 즐거워하시는 좋은 멜로디라고 생각합니다.

12년간 혈루증으로 고생하던 한 여자는 손으로 주님의 옷가를 만져서 완결함을 얻었으니 그의 손은 귀하다 아니할 수 없는 것입니다. 이 손으로 빈한貧寒한 사람에게 냉수 한 잔이라도 주는 것은 곧 주님을 대접하는 것이 됩니다. 그러나 이 손으로 악한 일을 하는 사람도 얼마나 되는지 알 수 없습니다. 사울은 칼과 검을 들어 사랑하는 딸의 남편 다윗을 죽이려 하였으나 다윗은 같은 손으로 거문고를 타서 사울을 기쁘게 하였습니다.

독일의 유명한 화가 스텐버그 씨는 로마교의 신부 휴고의 주문에 의하여 십자가 위의 그리스도를 그리게 되었는데, 그것이 거의 완성되어 가던 어느 날 그림의 모델이 되기 위해 온 집시소녀 페피타가 여러 말을 하다가 마지막으로 물었습니다.

"선생님은 그리스도를 크게 사랑하시지요. 선생님을 위하여 생명을 버리신 분 아니십니까?"

이 말에 그리스도의 참사랑을 깨달았으나 말이 어눌한 그는 '나를 위하여 생명을 버려 주신 이 무한한 사랑을 어떻게 다른 사람에게 알게 할까?' 하고 타오르는 그리스도의 사랑을 제어할 수 없어 붓을 들어 가시관을 쓴 머리를 무심히 그리고 보니 그 눈에 눈물이 흘렀습니다. 그때 그는 말은 못하나 손으로 그리스도의 십자가를 그려 그의 크신 사랑을 나타낼 수 있는 것을 깨달았습니다. 붓을 들고 그리스도께서 십자가에 달린 그림을 그려 그가 사는 뒤셀도르프 시의 미술관에 기부하여 진열케 하였습니다. 이 소식을 들은 시민들은 매일 무수히 그 그림 앞에 서서 무한하신 주님의 사랑에 취한 바 되어 말할 수 없는 감동을 받았습니다.

이 화가가 세상을 떠난 지 오래된 어느 날 젊은 귀공자 한 분이 뒤셀도르프 시에 왔다가 우연히 공립미술관에 들어가 스텐버그 씨가 그린 그리스도의 그림 앞에 이르게 되었는데, 그는 그 앞을 떠날 수 없었습니다. 그리스도의 무한하신 사랑에 감동하게 된 까닭이었습니다. 밤이 되어 그 앞을 떠나게 되었으나 그의 마음은 영원한 생명의 새벽으로 화하였습니다. 그때부터 그는 부귀 명예를 다 내어 버리고 주님을 위하여 살게 되었습니다. 그는 지금으로부터 200년 전에 모라비아 교파 가운데 일어난 큰 부흥의 주인공으로 기독교 가운데서 다시없을 만한 큰 역사를 이룬 모라비아 교파의 시조인 진젠도르프 씨였습니다.[3] 이것을 생각해 보면 주님을 위하여 사용하는 손이 얼마나 아름답습니까? 과연 그리스도의 십자가를 그린 이 화가의 손은 영원히 없어질 수 없는 참으로 하나님께서 기뻐하시는 멜로디라고 믿습니다.

두 발

두 발은 자신을 열 줄 비파로 생각하는, 복음적 생활을 하는 사람의 다른 두 줄입니다. 키가 작은 삭개오는 두 발로 뽕나무 옹이를 디디고 나무 위에 올라섰습니다. 군중 속으로부터 주님의 사랑하시는 시선이 그에게 향하자 둘러선 군중뿐 아니라 하늘에 있는 천군 천사들도, 그리고 하나님도 뽕나무 위에 선 삭개오에게 눈을 향하였으리라고 생각합니다. 그렇다면 이 순간에 우주 전체의 초점은 한 곳, 즉

3. 모라비아 교파는 1727년 독일에서 루터교회와 경건주의의 영향을 받은 진젠도르프Nicolaus Ludwig Zinzendorf(1700-1760) 백작에 의해 발전했다. 모라비안들은 신약성서의 '산상수훈'을 바탕으로 사도시대의 실천적 삶, 삶을 통한 성화, 선교를 강조했다.

삭개오라고 할 수 있으니, 우리가 만일 이 장면에서 나타나는 멜로디를 라디오 같은 것으로 들을 수만 있다면 우리의 살과 뼈가 녹으리라고 생각합니다.

주님을 뵈려고 가는 발처럼 귀한 발은 없다고 생각합니다. 막달라 마리아와 다른 여러 여자들은 무덤에 있는 주님의 시체를 보러 갔다가 부활하신 그리스도를 보게 된 것이니 그들의 발이 얼마나 아름답습니까? 이것이 참으로 하나님이 기뻐하시는 멜로디이나 오늘 이와 정반대의 방향으로 발을 옮기는 사람이 얼마나 많은지 알 수 없습니다. 주님을 잡기 위해 주님께 찾아가던 가룟 유다의 발과 같은 발도 있고, 주님을 십자가에 못박아 높이 달아 죽이려고 골고다로 주님을 끌고 가던 사람들의 발과 같은 발이 우리 교회 가운데 없다고 누가 말할 수 있습니까. 오늘 수사청류修士淸流(수도생활을 하며 명분과 절의를 지킴)에 발을 향하는 청년들이 우리 가운데 얼마나 많습니까? 사랑하는 어머니 한나를 따라 성전으로 올라가는 어린 사무엘의 그 부드러운 발들은 얼마나 아름답습니까? 우리는 사무엘상·하를 통하여 그의 위대한 역사를 알 수 있거니와, 그가 이룬 큰 역사는 순전히 어려서 성전으로 향하여 가는 발에서 시작하였습니다. 그러므로 주님을 향하여 가는 발은 자욱자욱 하나님을 기쁘시게 하는 좋은 멜로디인 것을 확신합니다.

한 입

한 입은 자신을 열 줄 비파로 생각하는 복음적 생활을 하는 사람의 다른 한 줄입니다. 삭개오는 노상에서부터 주님과 말하기 시작하여 주님과 같이 그날 밤과 그 이튿날까지 자기의 과거 생활 전부를 그대로 말하였을 것이니, 독생 성자 그리스도께 고하는 그의 입은 얼마나 아름다웠을 것입니까? 만일 영靈의 귀로 이날 밤에 두 분의 담화를 들을 수 있었다면 그 말 마디마다 하나님께 상달되는 좋은 멜로디였을 것이며, 그 얼마나 기쁘고 상쾌하였을 것입니까? 아닌 게 아니라 그날 밤 군중의 청각은 전부 삭개오의 집에 향하였을 것입니다.

하나님께서 기뻐하시는 것은 첫째, 우리의 입으로 기도하는 것이니 기도에는 감사와 고백과 간원懇願(간절히 바라는 것) 등이 있습니다. 우리는 어떠한 경우든지 항상 감사의 태도로 기도하여야 하며, 다음으로 부족한 것을 숨김없이 그대로 고백하여야 하며, 원하는 것이 있으면 어린아이가 어머니를 향하여 달라고 하는 것과 같은 태도로 기도하여야 할 것이니, 이 모든 것이 다 참마음에서 우리나와 하나님께 기도하는 말이 되어야 하는 것입니다.

둘째로 하나님은 우리가 입으로 전도하는 것을 즐거워하시니, 이는 복음을 전하는 입을 제일 즐거워하시기 때문입니다. 이 복음은 이미 우리가 논한 바가 있었는 고로 여기 말할 필요는 없으나 열심으로 이 귀한 복음대로만 증거할 수 있는 입이라면 이는 하나님께서 즐거워하시는 좋은 멜로디가 될 것입니다.

셋째로 하나님은 우리의 입으로 선한 것과 사람의 좋은 것을 말하는 것을 기뻐하시니, 악한 것은 모양이라도 보지 말아야 할 것이며, 사람의 단처短處(단점)를 드러내는 것도 금하여야 할 것입니다. 골로새 교회의 에바브라는 좋은 성도이었나니 그가 사람의 장처長處(장점)를 사람에게 소개하는 입을 가진 것이 한 가지 이유라 생각합니다. 입은 참으로 하나님을 직접 찬양하는 귀한 비파의 줄이나 잘못하면 하나님을 저주하는 악한 입이 될 수도 있는 것이니, 특별히 복음적 생활을 하는 사람은 항상 주의하여 더러운 것은 절대로 말하지 말아야 할 것입니다. 그리하여 우리 입으로 나오는 곡조는 참 좋은 멜로디로 하나님께 상달되어야 하나님을 영화롭게 하는 것이 될 것입니다.

한 마음

한 마음은 자신을 열 줄 비파라고 생각하는, 복음적 생활을 하는 사람의 다른 줄입니다. 삭개오의 역사적 기사에서 그의 귀한 마음을 추측할 수 있습니다. 첫째, 회개의 마음이 있었으니, "토색한 것이 있으면 네 배나 갚겠나이다" 한 것은 믿음에서 나온 진정한 회개의 마음인 것을 알 수 있습니다. 믿음 있는 자에게는 이것이 반드시 따르는 것이니 만일 우리의 생활에 회개의 마음이 없는데 믿음이 있다고 할 수 없고, 또한 장성하기 어려울 것이라고 생각합니다. 둘째, 감사의 마음이 있었습니다. “있는 것의 반은 가난한 자에게 주겠나이다” 라는 말은 분명히 은혜에 대한 감사를 표하는 말이라고 생각합니다. 복음적으로 살려고 하는 자는 반드시 감사의 마음이 있어야 마땅합니다. 셋째, 그는 열렬한 마음이 있었으니, 전 기사를 통하여 생각하면 그는 주님을 만나 보지 않고는 견딜 수 없는 간절한 마음으로 활동한 것을 알 수 있습니다. 넷째, 그는 진실한 마음이 있었으니, 조금이라도 숨기는 것이 없이 사실대로 모든 것을 주님께 고백하였습니다. 하나님은 참으로 열렬한 마음과 함께 거짓 없는 진실한 마음을 즐거워하시는 것입니다. 이제 삭개오의 붉은 마음이 이와 같다고 긍정치 아니할 자 없을 것이니 이는 하나님의 즐거워하시는 멜로디라고 생각합니다.

우리는 이상에서 삭개오가 열 줄 비파의 호선형弧線形인 것을 생각하였거니와 복음적 생활하는 사람은 누구든지 열 줄 비파가 되어 좋은 곡조를 타서 여기서 나타나는 아름다운 멜로디로 항상 하나님을 영화롭게 하고 영원토록 하나님을 기꺼워하는 자들이 되어야 할 것입니다.

마지막으로 우리는 교파적 편견을 갖지 말아야 합니다. 교파 자체에는 아무 구원도 없기 때문입니다. 교파를 막론하고 복음인 그리스도를 받아 삼위일체 하나님의 역사로 재생함을 얻어 그리스도를 생활의 강령으로 하여 주 안에서 살면서 하나님을 영화롭게 하는 자가 되면, 다 같이 복음적 생활을 하는 자이니, 이 점에서 우리는 교파적 편견을 버리고 절대의 관용성을 갖고 다 함께 복음을 위하여 살 수 있기를 바라 마지않는 바입니다.

《복음의 진수》(1940)

종교적 체험: 빌립보서 연구

과학의 세계가 지식의 세계라면 종교의 세계는 체험의 세계라고 할 수 있습니다. 과학의 세계에서는 2 더하기 2 하면 4가 됩니다. 그러면 만족입니다. 더 알기를 원치 아니하며 생각할 필요가 없습니다. 그러나 종교의 세계에서는 그렇지 아니합니다. 가령 여기 맹인이 있다고 하면 과학의 세계에서는 못 보는 것으로 여깁니다. 그래서 맹인이 본다고 하면 용납하지 못할 이론으로 취급하여 버립니다. 만일 이 사람이 눈이 밝아 볼 수 있다고 하면 그럴 수 없다고 합니다. 그러나 맹인 자체는 작일昨日에는 보지 못하였으나 오늘은 보았으니 자기에게는 이보다 더한 사실이 없을 것입니다. 또한 내가 작일에는 맹인이던 것이 오늘에는 눈이 열려 보인다면 나에게 이보다 더한 사실은 없을 것입니다. 그리하여 맹인으로만 알던 사람의 눈이 열렸다면 과학의 세계에서는 부정될 것입니다. 이것이 사실이라고 하면 할수록 과학의 세계에서는 그렇지 않다고 할 것입니다. 그러나 보지 못하던 자 보고, 듣지 못하던 자 듣고, 죽었던 자 다시 살아났다고 하면, 이 사실을 당면한 사람에게는 이보다 더한 사실, 즉 명확하고도 분명한 것은 없을 것입니다. 과학의 세계보다 더 나은 사실을 여기서 찾을 수 있으니, 즉 종교적 체험에서 알 수 있는 세계입니다. 사실이라는 것을 다른 사람은 알지 못하여도 나만은 아는 것이 바로 종교의 세계라고 생각합니다.

"모든 것을 해로 여김은 내 주 예수 그리스도를 아는 것이 더욱 아름다움을 인함이라"[빌 3:8] 하신 사도 바울의 말씀은 종교적 체험을 말씀한 것으로 분명히 압니다. 종교적 세계는 과학적 세계를 부인하는 것이 결코 아닙니다. 종교적 세계도 반드시 과학적이 되어야 합니다. 유명한 신학자 하지[1] 박사가 말하기를 신학은 과학이라 하였습니다. 이는 현대 과학이 도달하지 못한 점까지 도달하였다고 증거합니다. 분명히 종교적 세계는 이 점을 알 뿐 아니라 실제에서 그대로 생활하고 활동하고 있습니다. 다시 말하면 종교적 세계란 우리의 생활 그 자체를 이름이니 이것이 과학의 세계보다 나은 점이라고 생각합니다.

1. Charles Hodge, 1797-1878. 미국 북장로회의 대표적 신학자. 프린스턴 신학교 교수였다.

오늘날 어떤 학자를 막론하고 사도 바울을 종교적 세계에 속한 사람이라고 아니할 수 없습니다. 과연 그는 과학자들이 말하는 것과 같이 종교적 천재이지만 그는 철저히 과학적이요 이지적인 인물이었습니다. 자기의 과학적, 이지적 재능으로는 그리스도 예수를 부인하였습니다. 다시 말하면 그는 종교적 세계를 부인해 버린 것입니다. 그러나 그가 눈으로 그리스도를 친히 보고 자기 귀로 그리스도의 말씀을 듣고서 과학자로서 알지 못한 것을 알았고, 이지의 사람으로서 볼 수 없고 들을 수 없는 것을 보고 들었습니다. 그뿐만 아니라 여기서 그는 생활 전부가 바뀌었습니다. 이것이 과학이니, 이지의 지식보다 훨씬 뛰어난 지식이라 아니할 수 없습니다. 그러므로 그리스도 예수를 아는 것이 더욱 아름답기에 모든 과학적·이지적인 것을 던져 버렸습니다.

여기서 우리가 밝히 알아야 할 것은 종교적 세계가 우리 인생에 반드시 있어야 할 것이라는 점입니다. 이는 인생에서 본능적으로 있어야 할 것을 알게 하는 것입니다. 사도 바울은 인생에는 먼저 과학의 세계보다 종교적 세계가 반드시 있어야 할 것을 암시하였습니다.

위에서 종교적 세계는 체험의 세계라고 하였습니다. 과학적 세계인 지식에 반드시 대상이 있는 것과 같이 종교적 세계의 체험에도 반드시 대상이 있는 것입니다. 가령 불교에는 석가, 유교에는 공자와 같이 기독교의 종교적 체험 대상은 두말할 것 없이 그리스도이십니다. 그러므로 사도 바울이 그리스도 예수를 아는 것이 더욱 아름답기 때문이라고 한 것은 분명히 그리스도가 종교적 체험의 대상인 까닭입니다.

빌립보서 전부가 사도 바울이 자신의 종교적 체험을 그대로 기록하여 빌립보 교인들에게 보낸 것이라 생각합니다. 사도 바울이 다메섹 도상에서 회개한 때가 주후 37년이라 하고, 빌립보서를 로마 옥중에서 기록한 때가 주후 63년이라고 일반적으로 생각합니다. 그렇다고 하면 그가 그리스도를 체험한 때로부터 빌립보서를 기록할 때까지 27년이 됩니다. 그러면 그는 27년 동안 친히 그리스도를 체험한 그 결정체 그대로를 계시로 나타낸 것이라 할 수 있습니다.

어떤 성경학자 한 분은 성경을 구분하는 가운데 빌립보서는 그리스도인의 체험이라 하였으니, 이는 누구나 공명共鳴(따르고 인정함)할 것입니다. 그리고 어떤 선생은 본서를 세 단어로 표시하였는데 '그리스도-전부-이다' 라 하며, 이것은 분명히 그리스도인의 서한이라고 힘 있게 주장한 기사를 읽어 본 기억이 아직도 있습니다. 이상 두 학자의 견해를 종합적으로 생각하면 그리스도인의 체험은 그리스도 전부라고 할 수 있습니다. 다시 말하면 사도 바울이 적어도 27년간 그리스도를 친히 체험한 바를 그대로 빌립보 교회에 써서 보낸 것이라 생각합니다.

따라서 빌립보서는 사도 바울이 그리스도를 어떻게 체험하였는지를 그대로 표시하는 것이니, 전 편全篇 제목을 "그리스도"라고 할 수 있으면 1장도 그리스도, 2장도 그리스도, 3장도 그리스도, 4장도 그리스도일 것입니다. 그러나 각 장을 연구하는 가운데 매 장에 그리스도를 다른 모양으로 체험하였음을 알 수 있으니, 1장 그리스도는 믿는 자의 생명이 되시고, 2장 그리스도는 믿는 자의 모범이 되시며, 3장 그리스도는 믿는 자의 목적이 되시며, 4장 그리스도는 믿는 자의 능력이 되시는 것입니다. 여기에 대한 사실은 1장 21절, 2장 5절, 3장 8절, 4장 13절과 19절을 연구함으로 알 수 있습니다. 이 절들을 요절로 하여 다음에 연구함으로 기독교는 체험의 종교란 사실을 밝히려 합니다. 독자는 이상 기록된 절들을 꼭 암송하기 바랍니다. 그리하여 이 말씀으로 항상 기도하는 가운데 사도 바울같이 깊은 종교적 체험이 있어 그와 같이 큰 역사를 할 수 있기를 바라 마지아니합니다. 만일 성도들이 그리스도를 체험하지 못하면 참 그리스도의 종교를 완전히 이해할 수 없으리라 생각합니다. 그래서 우리는 반드시 기독교의 가주家主되시는 그리스도를 바울과 같이 체험하여야 할 것이요, 따라서 당신을 따르는 나를 확실히 깨달아야 합니다.

〈복음세계〉 제1권 1호(1954)

신학과 신조信條

신교가 한국에 들어온 지 70주년을 맞게 된 오늘에 기독교는 혼란한 상태에 이르렀다고 할 수 있습니다. 그러므로 신학은 반드시 바른 신조信條를 토대로 하지 않으면 안 될 것입니다.

첫째, 신학은 신조를 무시할 수 없고, 신조는 신학을 갖지 아니할 수 없습니다. 이 둘이 완전히 서 있을 때 기독교에 생명이 있고, 또한 신학도 가치 있는 것입니다. 그렇지 않으면 도리어 신학은 큰 방해물이 되고 말 것입니다. 신조가 어디서 왔는지 생각하면 이해할 수 있습니다. 신조란 첫째, 성경 가운데 산재한 그리스도교 신앙의 근본 진리를 간명한 문장으로 결합하여 두는 것, 즉 결합된 진리의 의미이니 여기에는 신학이 필요하고, 또한 신학은 신조를 토대로 하여야 할 것입니다. 둘째, 같은 신앙에 있는 사람들을 결합시키는 역할을 하는 것이니, 즉 동지적 결합입니다. 셋째, 사도신조 일구一句씩 가져다 결합시켰다는 정통적 전설에 기인하여 된 것이니, 열두 사도로 말미암아 된 합작의 의미를 보여 주는 것입니다.

이상 사실에 대하여 자세한 것을 진술할 수 없으나 신학은 여기에 대한 다방면의 역할이 필요하다고 생각합니다. 그런즉 오늘 우리가 기대하는 신학은 신조를 바로 갖고 경영하는 것이 되어야 하겠습니다. 이것이 없으면 정당한 신학이 되지 못할 것입니다.

물론 특별히 근대에 와서는 자유신학이 많이 유행하고 있습니다. 그러나 그들 역시 어떠한 신조하에서 자기들의 주장을 관철하려고 하는 것임을 부인할 수 없습니다. 가령 그리스도에 대한 신조라고 하면 그는 선인善人이라는 점이 저들의 신조가 될 것이니, 여기서 저들의 신학이 성립하는 것입니다.

둘째, 신학과 신조가 나누어지지 아니할 조건이 있다면 우리는 어떠한 신조를 토대로 한 신학을 가져야 하느냐 함입니다. 라인홀트 제베르크Reinhold Seeberg(1859-1935) 씨는 루터 선생의 종교개혁을 오직 성경적 원시기독교로 다시 돌아간 것이라 생각하면 안 된다고 하였습니다. 종교개혁은 성경적 사상 세계를 다만 재생케 한 것이 아니라 오히려 성경적 사상 세계를 보다 더 순수하게, 보다 더 깊게 이해한 것이라고 하였습니다. 이것은 무엇보다도 복음의 철저화를 말하는 것입니다. 그렇다고 하면 신학은 여기에 입각하여야 된다고 생각합니다. 그 이유는 기독교는 복음을 토대로 하는 것이니 이것을, 즉 복음을 철저화하기 위하여 신학의 필요를 느낀다고 하면 진정한 신학보다 더 귀한 것이 없다고 생각합니다.

기독교 역사에서 신학과 신조가 밀접한 관계를 맺어 복음에 발전을 가져온 시대가 있다면 4세기와 16세기, 그리고 오늘날 20세기를 생각할 수 있습니다. 4세기의 특징으로 나타난 것은 니케아 회의[1]를 중심으로 하여 일어난 기독론입니다. 그리스도의 인성Person에 대하여 큰 논쟁이 일어난 것인데 이것이 삼위일체론이니 아버지 되신 하나님과 아들 되신 성자와의 동질[*Homoousios*, 호모우시오스] 문제였으나 실상은 삼위일체론에 중심점을 두었습니다. 이 사실을 증거하는 데는 신학자들을 요구합니다. 물론 니케아 회의의 용장勇將 아타나시우스[2]를 들지 않으면 안 됩니다. 그러나 갑바도기아 세 신학자들을 생각지 아니할 수 없으니 바실리우스와 니사의 그레고리우스와 나지안주스의 그레고리우스 씨, 세 분입니다.[3] 이 학자들로 말미암

1. 니케아 공의회Councils of Nicaea는 로마 황제 콘스탄티누스가 주후 325년 소아시아 니케아에서 개최한 최초의 에큐메니컬 회의이다. 이 회의를 통해 예수의 신성을 부정하는 아리우스파를 이단으로 단죄하여 교회를 통일하고 로마제국의 안정을 도모했다.

2. Athanasius, 293경-373. 정통파 교부이자 알렉산드리아의 주교였던 아타나시우스는 니케아 공의회에서 아리우스 이단 사상을 공격했다.

3. 가이사랴의 바실리우스, 그의 친구 나지안주스의 그레고리우스, 그리고 니사의 그레고리우스는 갑바도기아를 대표하는 3대 신학자다.

아 결정적 최후의 해결을 지은 것입니다. 여기서 동방이 패배당하고 서방교회의 주장이 승리한 것입니다. 아리우스는 동방의 대표자로 "그리스도는 하나님과 동질이 아니다"라고 주장하였습니다. 그 결과로 오늘 동방교회는 전멸하고 서방교회만 남아 전성全盛하여, 결국 동방, 아니 우주 전간에 복음을 전하게 된 것입니다. 지금 우리가 눈으로 보는 이 사실이 증거의 사실이니 이를 부인할 사람은 하나도 없습니다.

이 삼위일체론에 결정적 낙착落着(문제되는 일이 끝남)을 지을 만한 사명을 지닌 이 세 학자들은 참으로 경탄하리만큼 명확한 사실을 갖고 여기에 대한 해결을 줄 수 있었습니다. 금일에 이르기까지 정통적 삼위일체론으로 생각하는 일一 본질에 대한 삼三 인격 되시는 사실을 완전히 표현한 것입니다. 삼三은 신성에 대하여 일一입니다. 일一은 개별성에 대하여 삼三입니다. 성부의 특성은 생生케 하는 것이요, 성자의 그것은 생生하는 것이요, 성신의 그것은 발생發生하는 일입니다. 즉 호모우시오스를 갖고 싸우는 아타나시우스 씨의 태도는 삼위 즉 일체, 일체 즉 삼위 되는 진리의 구조가 이 세 신학자들을 통하여 명확하게 될 때 비로소 그 승리를 확고케 할 수 있었습니다. 이것이 4세기 기독사의 정수라고 볼 수 있는 것입니다.

그러면 16세기 신학과 신조는 어떠했습니까? 이것이 문제입니다. 보통으로 생각하면 아주 다른 방향으로 흘러 내려간 점이 없지 아니하니, 이것은 젊은 신학자 멜란히톤[4]의 말씀을 인용함으로 알 수 있습니다. 그가 1521년 신교의 첫 목양학서라고 할 만한 《신학총론*Loci Communes*》을 처음 기술하매 여기 소개한 모든 논제는 구원에 필요한 것뿐이라고 하였습니다. 그리하여 그리스도의 은혜의 행위에 속한 사건에 중점을 두어 삼위일체론에 대하여 무관심하였으며 루터 선생 자신도 그러하였습니다. 1538년 슈바바허 조문條文[5]에 대하여도 신앙의 의에 중심 삼아 비록 천지가 무너져도 일보의 양보도 않겠다고 하였으나 삼위일체론에 대하여는 무관심하였던 것입니다. 그러나 종교개혁자들이 정통 교의로서 삼위일체론을 굳게 지키었다는 것만은 분명한 사실입니다.

4세기의 관심은 삼위일체론이요, 16세기의 관심은 구원론이었습니다. 여기서 우리가 깊이 생각할 것은, 삼위일체론은 구원론을 떠날 수 없다는 것과 구원론은 결코 삼위일체론을 떠나서 설 수 없다는 것입니다. 루터 선생이 신앙만으로 은총의 절대성을 보지保持(온전하게 잘 지킴)하였다는 것은 누구나 다 아는 사실입니다. 그런즉 신앙뿐이라는 절대성을 갖고 생각하면 이것이야말로 진실로 삼위일체론의 구조에서 불외不外(벗어나지 않다)한 것입니다. 삼위일체론은

4. Philip Melanchthon, 1497–1560. 독일의 인문주의자이자 종교개혁자.

5. 슈바바허 신조Schwabacher Artikel는 마르틴 루터와 멜란히톤 등에 의해 1529년 작성된 교리 해설문이다. 이후 1530년 작성된 아우크스부르크 신앙고백서Augsburger Konfessio의 기초가 되었다.

성부, 성자, 성신과 삼三의 상이한 현실이 일체되는 신으로서 동일하다는 사실입니다. 상이하나 동일, 동일한데 또한 상이, 상이 즉 동일, 동일 즉 상이, 이것이 삼위일체의 근본 구조입니다. 그런즉 구원론의 구조가 삼위일체론이라고 할 수 있습니다. 구원론은 삼위일체론 없이 전개할 수 없는 것입니다. 삼위일체론은 구원론과 결합할 때만 생명과 힘이 넘치게 되는 것입니다. 이제 복음이란 삼위일체론 외에는 자기의 자태를 나타낼 수 없습니다. 삼위일체론과 구원론은 서로 떠날 수 없는 것으로 만나서 결합할 것입니다. 본래대로 결합하여 있을 것입니다. 복음이 가질 유일의 이해는 삼위일체론입니다. 다른 어떠한 논리도 이것을 대신할 수 없습니다. 삼위일체론은 어디든지 삼위일체론인 동시에 삼위일체론의 유일한 현실은 복음입니다. 삼위일체론은 세계의 구조가 아니고, 복음의 구조입니다. 이와 같이 삼위일체론과 구원론은 불가분의 관계입니다. 오늘 20세기에 처한 우리의 과제는 삼위일체론과 구원론의 완전한 결합이 아닌가 합니다.

20세기의 신학은 어디에 근거를 두어야 하겠습니까? 현대 자유주의가 너무도 극단에서 횡행橫行 하는 것으로 보아 우리가 주지할지 알 수 없으나 은총의 절대성을 강조하는 신학들이 반드시 나타나야겠습니다. 그런즉 은총이란 엄밀히 말하면 그리스도의 십자가에 대한 은총입니다. 은총에 대한 주체의 응답은 신앙입니다. 은총의 절대성이란 어떠한 것입니까? 이것은 은총을 전부로 하는 것, 즉 은총뿐이라는 것입니다. 은총뿐, 십자가뿐, 신앙뿐, 이것이 은총이 갖는 절대성의 표현입니다. 그런즉 이것이 결국 삼위일체론에 귀착歸着하는 것이라고 생각합니다. 즉 신앙뿐이라는 것이 삼위일체론뿐이라고 해득解得(깨달아 아는 것)할 수 있는 것입니다.

이제 우리가 4세기의 삼위일체론을 복음의 발견이라고 하면, 16세기의 종교개혁은 복음의 재발견이라고 할 수 있습니다. 그리고 오늘 20세기에 와서는 이것이 역사적 사실이라는 것을 알 수 있습니다. 그러므로 복음의 인식, 즉 복음으로만 될 수 있다는 것이니 여기에 은총이 갖는 절대성을 증거할 수 있는 것입니다. 우리가 생각할 것은 그리스도교의 생명이란 여기에 있다는 것입니다. 무한의 발전도 여기서 비롯된다는 것이 결코 현실을 부인하는 것이 아닙니다.

이상에서 본 대로 불변의 신조를 토대로 한 신학을 수립하여 한국, 아니 세계 교계에 공헌하려는 것이 우리 신학교의 정신이 되지 않으면 안 됩니다. 우리는 이러한 정신하에 신학교를 경영하여야 합니다. 또한 우리는 이 정신하에 3,000만뿐 아니라 세계 인류에게 이 위대한 복음을 전하여야 할 것입니다. 신학은 신조를 토대로 하지 아니하면 완전한 신학이 될 수 없고, 신조는 신학을 통하여 비로소 완전히 진리를 드러낼 수 있는 것입니다. 그런고로 우리는 완전한 신조를 가져야 하고, 이것을 토대로 그리스도의 교회를 설립하며 유지하며 발전과 향상, 그리고 큰 부흥운동을 일으켜 하나님 나라를 건설하여야 할 것입니다.

〈복음세계〉 제1권 2호(1954)

신神 관념의 기원

누구를 막론하고 신에 대한 어떠한 지식이 있으니, 이는 신이 존재한다는 사실을 증거하는 동시에 신에게 의지하고 도덕적 책임이 있음을 증거하는 것입니다. 하지는 여기에 대하여 세 가지로 대답하였는데 첫째 직각直覺, 둘째 추론, 셋째 초자연적 계시입니다. 아래에서 이것을 갖고 추론하려 합니다.

직각

신神에 대한 지식은 직각으로 얻나니, 감각적·합리적·도덕적 존재자인 것을 생래生來의 지식으로 직각하며, 이것을 본능이라고 생각합니다. 철학자들은 이구동성으로 사람은 종합적이라 하는데 이것은 무엇을 의미합니까? 이 직각은 신의 존재를 승인하는 동시에 생래의 것으로 본능적입니다. 하지는 직각이란 말은 단순히 지식의 원천을 의미하며, 이 원천은 우리의 천성이니 타고난 것이라고 하였습니다. 직각적 지식이란 마음이 관념을 갖고 낳았다는 것이요, 즉 모형이나 환상이나 관념의 지식이 아닙니다. 다시 말하면 추상적 원리나 일반적 진리의 종류를 갖고 출생하였다는 의미가 아니라 어떠한 의식과 어떠한 사실을 증명하는 것으로 교육받은 일 없이 진리라고 마음에 직각하게 됨을 말한다고 할 수 있습니다.

이 직각적 지식은 우리의 여러 가지 부분의 지각에 속하였으니, 도덕적 성품이나 이해하는 바가 도덕적으로 되는 것이라고 할 수 있습니다. 그는 세 가지로 나누었는데 첫째, 우리의 모든 지각적 이해력은 직각적이니 우리가 이해하는바 직각적으로 실재와 진리에 반항하기 어려운 확신을 갖게 하는 것입니다. 둘째, 이해력의 직각이란 어떠한 진리들이 마음에 진리라고 즉시 직감하게 되는 것입니다. 셋째, 도덕적 진리가 마음에 직각적으로 진리와 같이 인식되는 것이니, 근본적으로 선과 악을 구별하게 되는 것이라고 할 수 있으며, 가르쳐서 아는 것이 아니라 자연적인 것으로 악하면 벌을 받고 선하면 상을 받는다고 하는 것 등이라고 할 수 있습니다.

이러한 점에서 생각되는 것은 신에 대한 지식은 생래의 본능, 즉 직각적이니, 이것은 일반적인 동시에 필연적이라고 생각하여 다음에 이것을 소개하려 합니다. 테르툴리아누스[1]는 "현재 일반 백성들이 철학자들보다 신에 대한 지식이 더욱 확실하다"고 하였습니다. 과연 그리스도인들은 신은 영이시며 무한하시며 영원하시며 불변하게 존재하시기에 그 지혜와 능력이 완전하시며, 거룩하심과 공의와 선하심과 진리 그 자체라고 믿습니다. 그러나 이것은 직각으로만 알 수 없고 다만 초자연의 계시의 빛으로 확실히 알 수 있는 것임을 생각지 않으면 안 됩니다.

신 지식은 일반적이며 보편적이란 것을 성경은 밝히 우리에게 알려 줍니다. 사도들뿐 아니라 모든 선지자들도 이구동성으로 주장한 것입니다. 로마서 1장 19-21절에 "대개 하나님을 알 것이 저희 마음 속에 보이는데 이미 하나님께서 저희에게 보이셨느니라 대개 세상을 창조하심으로부터 그 보이지 아니하는 것은 곧 그의 영영하신 능력과 신성인데 그것을 만드신 만물로 보아 알지니 그런고로 사람이 핑계하지 못할지라 저희가 하나님을 알되 하나님으로 알아서 영화롭게도 아니하며 감사치도 아니하고 오히려 그 생각이 허망하여지며 미련한 마음이 어두워졌느니라"[2] 하신 말씀을 보면 하나님을 아는 지식

1. Tertullianus, 160-240. 초대교회 교부이자 카르타고 출신의 신학자.
2. "이는 하나님을 알 만한 것이 그들 속에 보임이라 하나님께서 이를 그들에게 보이셨느니라 창세로부터 그의 보이지 아니하는 것들 곧 그의 영원하신 능력과 신성이 그가 만드신 만물에 분명히 보여 알려졌나니 그러므로 그들이 핑계하지 못할지니라 하나님을 알되 하나님을 영화롭게도 아니하며 감사하지도 아니하고 오히려 그 생각이 허망하여지며 미련한 마음이 어두워졌나니"

은 보편적이며 일반적이라는 것을 밝히 알 수 있습니다. 그뿐만 아니라 그 길을 알게 하였으니 만일 회개하고 하나님께 돌아오지 아니하면 죽임을 당할 수밖에 없는 것을 성경은 우리에게 밝히 가르쳐 주었습니다. 로마서 1장 32절에 "이 같은 일 행하는 자는 죽는 것이 마땅하도다"[3]라고 한 것은 죄에 대한 의식이 강하니 죄의 값은 사망인 것을 인식한 것입니다. 로마서 2장 12-16절에 있는 "하나님 앞에는 율법을 듣는 자가 의로운 사람이 아니라 행하는 자가 의로우니라"[4]라는 말씀을 참고하면 인간이 죄에 대한 의식이 있다는 것을 증거하는 것이니, 이것은 지극히 선하신 하나님이 계신 것을 실증적으로 알게 하는 것 중 제일 되는 지식입니다.

다음으로 신 지식이 일반적이라는 것은 역사가 증거하는 바이니, 이것은 우리 인생의 본성에 종교적 요소가 있는 것을 역사적으로 밝히 가르쳐 줍니다. 인류가 생존한 곳에는 모든 시대와 우주의 모든 근역近域(가까운 곳)에 저들의 종교적 형식을 가지고 있습니다. 하나님의 이상은 모든 인류의 언어에서 찾아볼 수 있습니다. 언어는 생산된 것이며 양심의 계시입니다. 만일 모든 언어에 신에 대한 어떤 이름이 있으면 이는 신에 대한 관념이 있는 것을 증거하는 것이니 어떠한 형

---

3. "그들이 이 같은 일을 행하는 자는 사형에 해당한다고 하나님께서 정하심을 알고도 자기들만 행할 뿐 아니라 또한 그런 일을 행하는 자들을 옳다 하느니라"
4. "하나님 앞에서는 율법을 듣는 자가 의인이 아니요 오직 율법을 행하는 자라야 의롭다 하심을 얻으리니"

식으로든지 인생 속에 속해 있는 것을 알게 함입니다.

신에 대한 지식은 인생에서 일반적인 동시에 필연적인 것입니다. 마음에 하나님이 계시다는 증거를 부정할 수 없으니, 이 증거가 일반적으로 어떠한 사람에게든지 있다고 하면 이는 공통으로 있는 신앙인 것이 틀림없나니, 이것이 신의 필연성입니다. 결과가 있으면 반드시 원인이 있습니다. 어떤 사람이 말하기를 어떠한 물건이 없다고 하면 그 생각은 없다는 것을 표시하는 것이며 그가 확신 없다는 것을 부인하는 까닭에 없다고 말하는 것입니다. 그가 보는 것을 보지 않는다고 하면 실상은 확실하다는 것을 그대로 증거하는 것입니다. 사람이 자기의 몸이 있다는 것을 부인할 수 없으며 따라서 의지가 없다고 할 수 없습니다. 그러나 다른 종류의 사람이 있고, 그들의 마음이 다르다는 것은 사실입니다. 하나님에 대한 생각은 하나님이 존재하신다는 것을 그대로 드러내는 것이 아닙니까? 그런데 (하나님의 존재가) 없다고 하면 곧 내가 없다는 것과 같습니다. 내가 없으면 어떻게 없다는 것을 생각할 수 있겠습니까? 마지막으로 반대할 수 없는 진리가 있나니, 만일 우리의 자연법칙에 대하여 배반되는 일이 없으면 결코 반대할 수 없는 진리가 있는 것을 우리는 압니다. 그런즉 이것이 없다고 누구도 부인할 수 없습니다. 형이상학적인 방법이나 물질 세계를 부인하는 방법으로 부인한다 하더라도 이것은 결국 일시적일 것으로 자기가 감각적으로 느끼고 육안으로 보는 것이니, 자기 존재를 부인하지 아니하는 한 반드시 실재를 승인한 것입니다. 비록 어떤 사람 가운데 자연과 죄의 존속存續을 부인하여도 결국 이것들의 존재를 알게 되는 것이니, 특별히 교육으로 신의 말씀의 가르침을 받고 성신께서 저들 마음에서 밝혀 주실 때 이것을 밝히 알 수 있는 것입니다.

추론推論

신 지식은 이유라는 방법으로 기인한 것은 아닙니다. 이론적으로 이유를 완전히 진술함으로 신 지식을 얻기는 어렵다고 할 수 있습니다. 그러나 개괄적으로 추론할 수 있는 것입니다. 가령 결과를 보고 원인이 있음을 알 수 있고, 막연하나마 유한·무한하다는 것을 추론할 수 있겠으며, 우리가 우리 자신이 영적 존재라는 것을 아는 지식으로 하나님도 영이라는 것을 추론할 수 있을 것입니다. 도덕적 양심이 선악에 대한 차이점을 가져와 신은 도덕적으로 완전한 존재라는 것을 추론할 수 있습니다. 이것이 우주나 신의 존재에 대한 완전한 증거는 못 됩니다. 또한 우리의 양심이 우리에게 추론이 신앙의 공태工台가 된다고 하기도 어려우나, 이상의 사실로 추론하여 우리의 신앙이 확실하고 발전하는 바의 방법은 되는 것이라고 할 수 있습니다. 우리의 종교적 본성을 부인할 사람은 하나도 없으니 이것으로 신의 존재를 승인함에 도달할 수 있겠다고 생각합니다. 즉 도덕적 성품은 선악을 구별할 수 있습니다. 이와 같은 방법으로 우리의 종교적 감정은 의지하는 생각, 반응하는 양심, 나보다 더 높은 어떤 존재자와 교제하려는 감각이 일어나는 것만은 사실이니, 이것이 신의 존재를 믿는 데 필요한 것이 되리라고 생각합니다.

초자연적 계시

신 지식은 전통을 배척하는 것이 아닙니다. 그런데 오히려 일반적으로 주장하기를 기초적·초자연적 계시라 하니, 이는 먼저 우리의 선조들께 알려 준 것을 그들이 자손들에게 전래케 한 것이고, 결국 우리에게까지 내려오게 하신 것입니다. 하나님이 당신 자체를 아브라함에게 나타내어 그 백성을 택하신 것은 하나님의 존재를 세상에 나타내신 것이라 우리는 밝히 아는 바입니다. 신의 선민을 통하여 내려온 신의 존재에 대한 사실은 더 빛나고 확실히 인식되었습니다. 이 사실이 기록된 성경은 계시로 된 것이니 하나님이 친히 당신의 존재를 확실히 알게 하는 것이 아니고 무엇입니까? 바로 우리가 생각하는 전래한 초자연적 계시가 구전해 내려온 것입니다. 하나님의 말씀에 대한 존경으로부터 발생된 것이라는 견해는 확실한 증거라고 할 수 있습니다. 세계 역사의 배후에 돌아가서 생각하면 우리는 최초의 계시를 더 분명히 받을 수 있고, 그에 대한 지식도 더 얻게 되는 것이 사실입니다. 동시에 우리는 유대 선민으로 말미암아 진리의 영향을 받으면 받을수록 신에 대한 존재의 사실은 더 빛나고 일반적으로 밝히 인식됩니다. 반대로 그의 교훈을 배척하고 자기 추론에 따라 주관적으로 가르치는 자는 사도 시대에 표시한 것같이 신의 진리를 거짓으로 하는 자이니 진리의 신에 대한 모든 지식을 잃어버리는 것입니다. 우리의 직감적 의식을 높이고 이것을 발전시키고 해석하여 완전한 신 지식으로 나타내어 신의 존재를 확립시킬 수 있음을 조금도 의심치 않고 밝히 의식할 수 있습니다.

〈복음세계〉 제1권 1호(1954)

이상적 교회

교회의 의의

> 광의廣義의 기독 교회[그리스도 교회]는 천지 중 모든 시대를 통하여 재생한 인류들의 모든 단체를 이름이니, 이 경우 교회는 하나님의 영적 세계와 같다. 둘 다 구속된 인류를 의미한 바로 하나님께서 그리스도 안에서 실제적 영적 지배권을 실행하신다.

여기서 교회를 영적 세계와 같이 취급하였는데, 특별히 재생한 사람들의 집단을 가리킴이니 교회가 어떠한 성질이라는 것을 알게 함입니다. 이것을 다시 더 광의로 보면 그리스도 외에 다른 것이 없습니다. 이 사실을 완전히 해석한 이는 찰스 하지 씨라 생각하는데, 그는 다음과 같이 말하였습니다.

"참 혹은 뵈지 아니하는 교회는 전체적으로 선택되어 성립된 것이다. 이것은 그리스도께서 사랑하시는 교회를 위하여 자신을 희생하시고, 이것을 거룩케 하시사, 티나 주름 잡힌 것이 없는 영광의 교회로 당신 자신께 드린 것이다."

계속하여 그는 "이 참 뵈지 아니하는 교회는 지상에 있는 모든 참 신자들로 성립된 것이다"라고 하였습니다. 이것은 에베소서 5장 25-27절에 밝히 말씀하셨으니, 즉 "그리스도께서 교회를 사랑하시고 위하여 자신을 주심같이 하라 이는 곧 물로 씻어 말씀으로 깨끗하게 하사 거룩하게 하시고 자기 앞에 영광스러운 교회로 세우사 티나 주름 잡힌 것이나 이런 것들이 없이 거룩하고 흠이 없게 하려 함이라" 하셨습니다. 이 말씀은 교회를 신부에 비유하신 것이니, 그리스도께서 교회를 사랑하사 택하여 구속하시고 거룩하게 하시사, 흠 없고 영화스러운 당신의 신부로 삼으셨다는 의미입니다. 또한 골로새서 1장 18절에는 "그는 몸인 교회의 머리라 그가 근본이요"라 하였으니, 교회란 머리 되신 그리스도의 몸인 고로 나누려 하여도 나뉠 수 없다는 것을 밝히 알 수 있습니다. 더 깊이 생각하면 고린도전서 12장 12절에 "몸은 하나인데 많은 지체가 있고 몸의 지체가 많으나 한 몸임과 같이 그리스도도 그리하니라 우리가 유대인이나 헬라인이나 종이나 자유자나 다 한 성령으로 세례를 받아 한 몸이 되었고 또한 성령을 마시게 하셨느니라"라고 하신 말씀은 우리 모든 구속함을 받은 자들이 다 같이 그리스도의 한 몸이라는 의미이며, 동시에 그리스도와 하나 된다는 것이라 믿습니다. 이러한 성질의 교회라면 어떤 교파를 막론하고 이상적 교회라고 아니할 수 없는 것입니다. 이 점에서 우리는 교파를 초월해야겠다고 생각하나니 여기에는 유일의 표준이 있음을 알아야겠습니다. 바로 참복음이니, 어떤 교회든지 참복음적이 되지 않고는 그리스도와 하나가 되는 이상적 교회가 될 수 없습니다. 그런즉 이 복음은 그리스도께서 "경經에 기록된 대로 우리 죄를 위하여 죽으시고 죽은 지 사흘 만에 경經에 기록한 대로 무덤에서 다시 살아나사"[고전 15:3-4]란 사실을 어떤 교회든지 받아 확고한 토대를 이룰 때 재생하여 다 한 몸이 되고 그리스도와 하나가 되겠습니다. 그렇지 않으면 결단코 이상적 교회가 될 수 없고, 다만 영혼을 사망으로 인도하는 어떤 집단에 지나지 않는다고 생각합니다. 그런고로 우리는 어떤 교회든지 이상적이라고 하면 먼저 알아볼 것이 복음적인가 아닌가이니 이것만이 참 표준이 되는 까닭입니다.

교회의 조직

다음으로 이상적 교회인지 알려면 그 조직이 이상적인지를 생각해야 합니다. 이에 대한 스트롱[1]의 학설을 소개하여 나의 입론立論으로 삼으려고 하니, 이는 참 이상적이 될 수 있다고 믿는 까닭입니다.

첫째, 누가 이것(교회)의 회원들을 구성하였습니까? 그리스도께서 성신의 역사로 말미암아 중생케 하시사 이것의 회원을 만드신 것입니다. 당신이 예정하시고, 예정하신 자를 부르시고, 부르신 자를 의롭다 하시고, 의롭다 함을 입은 자를 영화롭게 하시는 것이라 생각합니다. 여기에 따라서 직접으로 지교회는 그리스도께 속하였다는 것뿐 아니라 그리스도의 몸이 되었다는 것을 인식하여야 하겠고, 다음으로 거듭난 자들은 그리스도 안에서 한 형제가 된다는 것을 알아야 하겠습니다. 여기서 우리가 마음에 깊이 기억해 둘 것은 이상적 교회의 회원은 순전히 자기 부인否認이요, 그리스도 중심이 되어야 하겠다는 것입니다. 내가 만일 나를 중심으로 하면 결코 그리스도와는 하나 될 수 없나니, 이는 나는 나대로 그리스도는 그리스도대로 있을 것인 고로 도저히 합하여 하나 될 수 없기 때문입니다.

둘째, 무슨 목적으로 이것이 이루어졌습니까? 지교회의 단순한 목적은 하나님의 영광입니다. 이것을 완전히 실현하려면 첫째, 연합 예배이니 여기에는 기도와 종교적 교훈이 포함되었다고 합니다. "몸으로 산 제사를 드리라"(롬 12:1 참조) 한 말씀이 반드시 우리 예배에 사실화가 되어야 할 것이니, 이러한 예배만이 참으로 하나님을 영화롭게

1. A. H. Strong, 1836-1921. 미국 침례교 목사이자 신학자.

하는 것이라 믿습니다. 어떤 자들은 순전히 자기를 위하여 무엇을 얻기 위해 형식적으로 경건한 체하면서 예배하는데, 이런 무리는 자기들의 욕망을 채워 결국 자기들을 영화롭게 할지는 모르겠으나 하나님을 영화롭게 할 수는 없을 것입니다. 또한 오직 자기들을 영화롭게 한다는 것도 일시적이 될 뿐이요, 최후 징계를 받을 수밖에 없을 것입니다. 어떤 교역자는 순전한 형식으로 예배를 인도하여 한편으로는 좋은 교역자로 나타나는 것 같으나, 얼마 되지 아니하여 그곳에서 불미하게 쫓겨나는 것을 봅니다.

셋째, 서로 주의하고 권고勸告함으로 하나님을 영화롭게 할 수 있습니다. 어떤 사람은 남에 대한 권고는 잘하는데 자기는 도무지 주의하지 아니합니다. 자기는 음행하면서 남이 그렇게 하면 망한다고 강단에서 외치는 자들이 한둘이 아닙니다. 심지어 어떤 자는 불의의 길에서 사업을 하는 까닭에 거처를 숨깁니다. 또한 과거에 교역자가 될 수 없는 악한 일을 한 사실을 다른 사람이 아는 줄 알면서도 자기는 결백한 척하며 교역자가 되겠다고 하고, 그 일이 자기 뜻대로 되지 아니하면 자기의 부족한 것은 경계하지 않고 교역자를 괴롭게 하여 심지어 당파를 지어 쫓아내려고 암암리에서 별별 수계囚計를 다 꾸미는 자들을 우리는 늘 보는 바이니 이런 자들이 어떻게 하나님을 영화롭게 할 수 있겠습니까? 이러한 악한 것이 그대로 남아 있으면 목사는 될 수 있을지 모르나 남의 영을 죽이고 자기도 결국 말할 수 없는 징계를 받을 것을 알아야겠습니다. 그런고로 내가 먼저 나를 반성하여 주의하는 마음으로 사람을 권고하지 아니하면 안 되겠습니다. 더욱 한심한 것은 이런 자의 꾐에 빠져 같이 협력하여 교회에 덕德을 세우지 못하고 싸움을 일으키는 것이라 생각합니다. 세상에 이렇게도 어리석은 자가 어디 있습니까? 교회에서 너무 악을 부리다가 잘못 죽는 것을 보았으니, 속히 반성하여 먼저 자기부터 주의하는 자가 되기를 바라는 바입니다.

넷째, 회개치 아니한 사람의 구원을 위하여 역사하심으로 말미암아 하나님을 영화롭게 할 수 있다고 생각합니다. 주님께서 말씀하시기를 양 100마리 가운데 한 마리를 잃어버리면 99마리를 두고 잃은 양을 찾아 얻은즉 우리에 있는 99마리보다 더 기뻐한다고 하셨으니, 우리가 만일 잃은 영靈 하나만 주님께 인도한다 하여도 하나님께서 참으로 기뻐하실 터이며, 이것이야말로 참으로 하나님을 영화롭게 하는 것이라 생각합니다. 며칠 전에 만주에서 오신 형제 한 분의 이야기를 들었습니다. 그는 상인으로 교회당을 자기 금전으로 건축하고 전도인까지 자담自擔(스스로 감당함)하여 그 교회에서 교역케 한다는데, 친히 전도할 수 없어서 그렇게 한다고 교우들에게 이야기하는 것을 듣고 많은 감동을 받았습니다. 모든 교우들이 이와 같은 생각으로 자기 처지에 따라 될 수 있는 범위에서 사람의 영들을 구원의 자리로 인도하려고 최선을 다하여 노력하지 않으면 아니 되겠다고 생각합니다. 이와 같이 하면 우리가 복 받을 것은 물론이나 그보다도 하나님을 영화롭게 하는 것인 동시에 이상적 교회의 조직에 대한 목적을 달성하게 되는 것이니 얼마나 아름다운지 말로 표현키 어렵습니다.

다섯째, 이것의 실행을 어떻게 조절할 것인가? 교회의 실행법은 그리스도의 의지이니 이것이 성경에 나타났고, 또한 성령으로서 해석하여 알게 하여 주시는 것입니다. 만일 그리스도의 의지가 그의 몸 된 교회에 통하지 못하면 결코 통일이 없을 것이요, 따라서 분열이 생길 터이니 이상적 교회라 생각할 수 없는 것입니다. 이것만이 단순하게 실행되려면 교우들이 완전히 중생하여 세례를 받아야 되겠으니, 이것이 영적 신생新生이요 의식적 신생을 표하는 것입니다.

다음으로는 성경을 통하여 혹은 성령으로 인하여 친히 그리스도의 의지가 어떠한 것이라고 인식하게 되면 곧 순종하여야 됩니다. 그리스도의 명령이 있을 때는 반드시 복종해서 실행할 의무가 있다는 것을 각오하여야 되겠습니다. 순전히 나의 의지가 교회의 법이 된다면 그리스도를 머리로 한 교회가 아니라는 것은 누구나 추상推想할 수 있겠습니다. 여기서 잊지 말아야 할 것은, 나는 불완전하기 때문에 나의 의지도 불완전한 것이나 그리스도의 그것은 영원불변하나니 그분은 거룩하시며 완전하시다는 것입니다. 그러므로 우리는 그리스도의 의지대로만 실행할 결심을 가질 뿐이라고 생각합니다.

이상에서 본 대로 그리스도께서 교회의 교원敎員들을 구성하여 하나님을 영화롭게 하는 것을 목적으로 하여 그리스도의 의지대로만 순종하여 실행하면 그 조직체야말로 이상적이 될 것이며 따라서 누구나 이상적 교회라고 할 수 있습니다.

교회의 행정

마지막으로 완전한 이상적 교회가 되려면 뺄 수 없는 것이 있으니 이것이 교회의 행정입니다. 만일 이것이 없으면 다른 두 가지가 완비完備하여도 완전한 이상적 교회로 표현하기 어려우리라고 생각됩니다.

첫째, 행정은 주인공을 필요로 하는 것이니 우리 교회의 머리이신 그리스도께서 주인이 되셔야 한다는 것은 누구나 알 것이라 생각합니다. 오늘 교회에는 성령께서 그리스도 대신 역사하시며, 하나님께서 아버지로서 역사하심을 밝히 알아야 하겠습니다. 다시 말하면 삼위일체 되시는 하나님이 교회의 행정관이 되어야 참 이상적이라 할 수 있습니다.

둘째, 행정에는 역원役員이 필요하니, 우리 몸에 여러 지체가 있어 머리에서 명하는 대로 저들의 의무를 다하는 것과 같습니다.

"만일 발이 나는 손이 아니니 몸에 붙지 아니하였다 할지라도 이로 인하여 몸에 붙지 아니한 것이 아니요 또 귀가 말하되 나는 눈이 아니니 몸에 붙지 아니하였다 할지라도 이로 인하여 몸에 붙지 아니한 것이 아니니 만일 온몸이 눈이면 듣는 곳은 어디며 온몸이 듣는 곳이면 냄새 맡는 곳은 어디뇨 그러나 이제 하나님이 그 원하시는 대로 지체를 각각 몸에 두셨으니 만일 다 한 지체뿐이면 몸은 어디뇨 이제 지체는 많으나 몸은 하나이라 눈이 손더러 내가 너를 쓸데없다 하거나 또한 머리가 발더러 내가 너를 쓸데없다 하거나 하지 못하리라 이뿐 아니라 몸의 더 약하게 보이는 지체가 도리어 요긴하고 우리가 덜 귀히 여기는 그것들을 더욱 귀한 것들로 입혀 주며 우리의 아름답지 못한 지체는 더욱 아름다운 것을 얻고 우리의 아름다운 지체는 요구할 것이 없으니 오직 하나님이 몸을 고르게 하여 부족한 지체에서 존귀尊貴를 더하여 몸 가운데서 분쟁이 없고 오직 여러 지체가 서로 같이하여 돌아보게 하셨으니 만일 한 지체가 고통을 받으면 모든 지체도 함께 고통을 받고 한 지체가 영광을 얻으면 모든 지체도 함께 즐거워하나니 너희는 그리스도의 몸이요 지체의 부분이라 하나님이 교회 중에 몇을 세웠으니 첫째는 사도요 둘째는 선지자요 셋째는 교사요 그다음은 능력이요 그다음은 병 고치는 은혜와 서로 돕는 것과 다스리는 것과 각종 방언을 하는 것이라 다 사도겠느냐 다 선지자겠느냐 다 능력을 행하는 자겠느냐 다 병 고치는 은혜를 가진 자이겠느냐 다 방언을 말하는 것이겠느냐 다 통역하는 자이겠느냐 (너희는 더욱 큰 은사를 사모하라 내가 또한 가장 좋은 길을 너희에게 보이리라)"[고전 12:15-30].

셋째, 행정에는 교인들이 필요합니다. 이는 참 그리스도의 복음으로 말미암아 중생한 무리들을 이름이니 신앙의 소유자들입니다. 교회에 대한 모든 의무를 충실히 이행하여야 되겠습니다. 만일 이와 같이 행하지 아니하면 교회란 유지하기 어려울 터이니 어찌 이상적이라 생각할 수 있겠습니까? "그리스도를 경외함으로 피차 복종하라"[엡 5:21]고 하신 대로 하여야겠습니다.

이와 같이 행정의 주인, 역원, 교인 등으로 생각한 대로만 되면 교회의 행정은 이상이 될 것이며, 교회의 성질과 조직에서도 각 부문에서 생각한 대로만 되면 어찌 이상적이고 완전한 교회라고 아니할 수 있겠습니까? 각 교회는 교파에 열중할 것이 아니라 참다운 이상적 교회를 위하여 심혈을 기울여야 할 것입니다.

〈크리스챤 봉화〉 통권 27호(1967)

3. 기독인의 초석: 애아애주愛兒愛主의 삶

기독인의 초석礎石

이사야 28:16, 고린도전서 3:10-13

그리스도인으로서 가장 귀한 문제 가운데 하나는 '기독인의 초석'이라 생각합니다. 이것 없이는 그리스도인이 될 수 없고, 이것이 무엇인지 알지 못하고는 자기 입장이 어떠한지 알 수 없을 뿐 아니라 참신자도 될 수 없고, 되더라도 그저 맹종자의 하나에 지날 것이 없는 까닭입니다.

초석은 무엇인가?

무엇보다도 본제本題에서 먼저 물을 것은 초석입니다. 이것을 밝히 알려면 본문에 하나의 "견고한 기초 돌"이란 말씀을 연구하여야 되리라고 생각합니다. 히브리어로 '무새드מוּסָד'라 하였고, 영역英譯에는 'founded', 'foundation'이라 하였습니다. 무새드란 '기초 돌'을 의미함인데, 확고함과 변할 수 없는 상태를 표시하므로 우리말로는 "견고한 기초 돌"이라 한 것이라 생각합니다. 여기서 밝히 알 것 하나는 이 기초 돌은 변하려 하여도 변할 수 없는 고정된 초석이라는 것과, 동시에 이것만이 참 우리의 초석이 된다는 것을 주장하려는 것이라 믿습니다.

그러면 이는 무엇을 가리킵니까? 여러 학자들의 견해가 각각 다른데, 에드워드 씨는 이 초석을 성전이라 하였고, 엄뿌에엇트 씨는 법률이라고 하였고, 힐찌그 씨는 시온 산 자체라 하였고, 게네이어스 씨는 히스기야 왕이라고 하였습니다. 그러나 유명한 이사야 주석가 알렉산더 선생은 이 초석을 메시아를 가리킨다고 주장하였습니다. 이상 여러 사람의 주장 가운데 나는 알렉산더 선생의 주장이 옳다고 여깁니다. 물론 맹목적으로 그렇다는 것이 아니고 성경에 근거를 두었다고 힘 있게 주장하고 싶습니다.

첫째로 사도 바울께서 이사야 28장 16절을 로마서 9장 33절에 인용하여 다음과 같이 기재하였으니, 즉 "보라 내가 부딪히는 돌과 거치는 반석을 시온에 두노니 저를 믿는 자는 부끄러움을 당하지 아니하리라"[1]라는 이 말씀에서 그리스도는 '반석'과 동격입니다. 다음 장(로마서 10장) 11절에 "성경에 일렀으되 누구든지 저를 믿는 자는 부끄러움을 당하지 아니하리라 하니"라는 말씀을 보면 명백히 이 초석은 그리스도를 가리킨 것입니다. 또한 이 말씀은 사도 바울뿐 아니라 수제자 베드로 선생께서도 베드로전서 2장 6절에 "볼지어다 내가 집 모퉁이 요긴한 돌을 시온에 두노니 곧 택한 보배로운 돌이라 저를 믿는 자는 부끄럽지 아니하리라"[2]고 말씀하신 것을 보면 두말할 것 없이 '그리스도'를 가리킨 것입니다.

이상 두 분께서 구약 본문을 인용하여 그리스도를 가리킨 것을 증거하였으니 우리는 조금도 의심할 바 없으나 다시 더 깊이 연구하여 이것을 확인하려고 합니다. 여기서 우리가 아는 바는 '메시아'는 히브리어 발음이요, '그리스도'는 헬라어 발음인데 같은 의미라는 점입니다.

고린도전서 3장 11절에 "이 닦아 둔 터 외에는 사람이 능히 다른 터를 닦아 두지 못하리니 이 닦은 터는 곧 그리스도라"[3]라고 하였습니다. 여기에 "닦은 터"는 헬라어로 '데멜리온θεμέλιον'인데 영역에는 이사야 28장 16절에 있는 히브리어 '무새드'의 역과 같이 'foundation'이라 하였으니 분명히 기초 돌, 즉 초석이란 의미인 것을 알 수 있습니다. 그런즉 사도 바울께서 고린도 교우들에게 닦은 터, 즉 초석은

---

1. "기록된 바 보라 내가 걸림돌과 거치는 바위를 시온에 두노니 그를 믿는 자는 부끄러움을 당하지 아니하리라 함과 같으니라"
2. "성경에 기록되었으되 보라 내가 택한 보배로운 모퉁잇돌을 시온에 두노니 그를 믿는 자는 부끄러움을 당하지 아니하리라 하였으니"
3. "이 닦아 둔 것 외에 능히 다른 터를 닦아 둘 자가 없으니 이 터는 곧 예수 그리스도라"

'그리스도' 라고 하신 것이니 우리가 여기에 의문을 가질 것이 조금도 없습니다. 70인역에는 "다만 한 초석뿐이니 이것은 예수 그리스도시라"고 하였습니다. 이것이 무엇을 의미합니까? 분명히 그리스도인의 초석은 하나뿐이라는 것을 고조高調함이라 생각합니다.

어떠한 그리스도를 가리켜 유일의 초석이라고 하였습니까? 핀들레이G. G. Findlay(1841-1919) 씨는 여기에 대하여 다음과 같이 밝히 대답하였으니, 즉 "실제적·역사적 인격자 예수"라 하였습니다. 이는 결코 추상적이거나 이론적인 것이 아니라 그리스도께서 도성인신道成人身하시사 뭇사람의 영을 위하여 죽으셨다가 부활하신 역사적 실재임을 말하는 것입니다. 그런고로 사도 바울은 이 밖에 다른 것은 전하지 않기로 작정하고 곳곳마다 "그리스도께서 해를 받아 죽은 가운데서 다시 사신 것이 마땅하다 밝히 말하고 또 이르시되 내가 너희에게 전하는 이 예수는 곧 그리스도라"[행 17:3]라고 일생 동안 주장한 것입니다. 그뿐만 아니라 고린도전서 2장 2절에는 "그리스도와 그의 십자가 밖에는 다른 것은 알지 아니하기로 작정하였다"[4]고 말씀하였습니다. 이는 다른 것이 아니라, 이것만 초석이라고 한 말씀의 진의가 있기 때문입니다. 만일 이 사실이 없었을진대 그리스도가 우리의 초석이 될 수 없는 까닭입니다.

4. "내가 너희 중에서 예수 그리스도와 그가 십자가에 못박히신 것 외에는 아무것도 알지 아니하기로 작정하였음이라"

그러나 고금을 통하여 생각하면 우리 교회 가운데 그리스도를 초석으로 하지 않고 어떤 이는 바울을, 어떤 무리는 아볼로를, 어떤 자는 게바를 각각 저들의 초석을 삼았습니다. 현금現今에도 어떠한 유명하다는 사람이 저들의 초석이 되어 그만 바라고 믿는 자들을 볼 수 있습니다. 좀더 진보된 사람이요, 최근 20세기에 처하여 과학적이라고 하면 인격주의, 도덕주의라 하며 그것들을 저들의 그리스도가 되는 초석과 같이 생각하는 이들이 많습니다. 결코 이것들이 초석이 될 수 없습니다. 다만 이것들은 초석을 초석으로 하여 선 다음에 2차적으로 우리에게 따라오는 것뿐이라 생각합니다. 소위 그리스도의 인人이라 하여 오늘날의 바벨탑을 쌓아 앞으로 올 화를 면하고 구원함을 받으려는 자가 얼마나 많은지요? 바벨탑 자체가 초석이 되어 화를 면할 줄 알았으나 그것이 오히려 저들의 수고와 공력을 무효하게 했을 뿐 아니라 도리어 화를 가져오게 하는 원인이 되고 만 것입니다.

이와 같이 만일 우리의 역량으로 무엇을 만들어 그것을 그리스도인의 초석으로 삼으려고 하면 결국 나의 수고받이 무효하게 될 것이며, 나의 영은 여전히 죄 아래에 있을 것이라고 생각합니다. 이제 우리는 위에서 생각한 대로 그리스도인의 초석은 그리스도 한 분뿐이라는 것을 알아야 하겠습니다. 과연 이 초석이신 그리스도는 구약의 여러 선지자를 통해 예언한 그대로 신약에 와서 완전히 성취된 참 견고한 그리스도인 유일의 초석이십니다.

초석의 창조자

어떤 철학자는 "내가 없으면 우주도 없다"고 하여 사람이 창조주인 것처럼 주장합니다. 그러나 어린아이라도 여간한 사물을 관찰할 수 있다면 우주는 결코 사람이 창조한 것이 아님을 알 수 있습니다. 사람이 자신들의 생각과 이상으로 생활의 기초를 만드는 것은 분명한 사실이나, 그리스도인의 초석이신 메시아는 사람의 이상이나 신자의 생각으로는 결코 만들어 낼 수 없는 것입니다. 고린도전서 3장 10절을 보면 사도 바울 자신이 이 초석을 만든 것같이 생각할 수 있으나 자세히 연구하면 결코 그런 것이 아닙니다. 먼저 본문을 읽고 생각하려 합니다.

"내게 주신 하나님의 은혜를 따라 내가 지혜로운 건축자와 같이 터를 닦아 두매 다른 사람이 그 위에 세우나 그러나 어떻게 각각 그 위에 세우기를 조심할지니라."

여기서 "터를 닦아"란 것은 바울이 만든 것처럼 생각되나 이것은 영역으로는 'foundation'이라 하였으니 두말할 것 없이 기초 돌, 즉 초석이란 의미입니다. 만일 바울이 이 터를 닦아 두었다고 하면 11절에 있는 "닦은 터"는 곧 그리스도라는 말씀과 모순되니 그리스도의 사자요, 종인 바울이 어찌 주인 되시는 그리스도를 만들 수 있겠습니까? 이 말씀은 그만두고라도 다른 성경말씀과도 부합하지 아니합니다. 즉 에베소서 3장 2-9절과 4장 7-16절 말씀과 부합하지 아니합니다. 그러므로 "내게 주신 하나님의 은혜를 따라"라는 본문을 주체로 하여 고린도전서 15장 10절, 고린도후서 3장 5절 이하, 로마서 1장 1-5절과 15장 1-5절 이하의 말씀을 참조하여 상고詳考하면, 하나님의 특별하신 은혜가 바울에게 이 초석이 무엇인지 발견하게 하여 고린도 교우들에게 소개하도록 한 것임을 밝히 알 수 있습니다.

그러면 누가 이 초석을 만드셨습니까? 히브리서 11장 10절에 밝히 대답하였으니, 즉 "대개 터가 있는 성을 바라보매 경영하시고 지으신 이는 하나님이시라"[5]라고 말씀하였습니다. 여기에 "터"는 영어 번역에 'foundation'이라 하였으니 초석을 말하는 것입니다. 이 말씀은 주전 2,000년 전에 아브라함이 터가 있는 성, 다시 말하면 초석 있는 성을 멀리 바라보았다고 하였습니다. 그런데 이것은 바울도 아니요 어떤 철학자나 실행가가 아니라, "경영하시고 지으신 이는 하나님" 자체입니다. 여기서 이 초석이 얼마나 중요성을 띠는지 알 수 있으니, 다시 말하면 일시적으로나 우연히 만들어진 것이 아니라 세상에 나타나기 전 수천 년 전에 준비하여 두신 것입니다. 그러나 우리는 여기에만 그치지 아니하고 세상을 창조하시기 전부터 준비된 것이라고 생각합니다. 여기서 이 이상 생각할 것이 없으나 그리스도인의 초석이 얼마나 중요하며 필요한 것인지 알 수 있습니다.

---

5. "이는 그가 하나님이 계획하시고 지으실 터가 있는 성을 바랐음이라"

초석의 필요

주님께서 마태복음 7장의 집 짓는 비유를 가르치실 때 얼마나 반석이 필요한가 주장하신 것을 우리는 잘 압니다. 만일 모래 위에 집을 지으면 바람이 불고 장마가 나면 곧 무너지되 반석 위에 집을 지으면 아무리 심한 폭풍한설이 불어온다 할지라도 조금도 요동하지 아니하니, 이것은 반석 위에 집을 지은 연고라고 하시었습니다. 좋은 집일수록 튼튼한 기초가 필요한 것입니다. 과연 집의 생명은 기초라 할 수 있으니, 이것이 없으면 집은 서 있을 수 없기 때문입니다. 이와 같이 그리스도인에게 기독基督은(그리스도는) 초석이라 하였으나 그 실상은 이것이 생명을 일컫는다는 것입니다. 초석이라고만 해서 큰 영향을 가져오는 것 같지 아니하나 생명이라 하면 대단한 주의를 일으키는 것이니, 생명이 없으면 죽는 줄 아는 까닭입니다. 반석이 없으면 집을 온전히 세울 수 없는 것같이 그리스도인은 그리스도 없이 그의 영이 살 수 없으니, 이것이 얼마나 필요한 것입니까? 반석 없이는 그 집이 서 있지 못할 뿐 아니라, 집에 대한 가치를 보전하며 발휘할 수 없습니다. 그리스도의 사람들에게 초석 되시는 그리스도가 없으면 존속할 수도 없고 그리스도인으로서의 가치를 보전하여 발휘할 수 없는 것이니, 이 얼마나 필요한 것입니까.

사도 바울께서 말씀하시기를 "내가 수고를 더욱 많이 하고 옥에 갇히기를 여러 번 하고 매도 수없이 맞고 여러 번 죽을 뻔하였으니 유대인에게 다섯 번 매를 맞는데 40에 하나씩 감하고, 또 세 번 태장으로 맞고, 한 번 돌로 맞고 세 번 파선하는데 일주야를 깊은 바다에서 지냈으며, 또 여러 번 길을 다닐 때 강의 위험함과 도적의 위험과 본국 사람의 위험과 이방 사람의 위험과 성 안의 위험과 빈들의 위험과 바다의 위험과 거짓 형제 가운데 위험을 당하고 또 수고하여 애쓰며 여러 번 자지 못하고 주리며 목마르고 여러 번 굶고 춥고 헐벗었노라"(고후 11:27 참고) 하였으니 일생 동안 얼마나 어려움을 당하였는지 알 수 있습니다.

그러나 다음 장(고린도후서 12장) 10절에 보면 "여러 가지 약한 것과 능욕과 궁핍과 핍박과 곤고 당함을 기뻐하노니"라 하였으니, 이것이 무슨 까닭이겠습니까? 참 자기 영의 초석이신 예수 그리스도를 토대로 굳게 서 있었기 때문이라고 믿습니다. 다시 말하면 그리스도를 자기 영의 생명으로 해서 굳게 서 있었기 때문에 그리스도를 위하여 고생을 받되 도리어 기쁨으로 화한 것이라고 생각합니다.

초석을 준비하자

어떻게 이것을 준비할 수 있습니까? 이는 사람의 지위로나 학문으로나 금전으로나 위인으로나 문벌로나 덕행으로나 어떤 것을 가지고 할 수 없습니다. 다만 본문 이사야 28장 16절 하반절에 하신 말씀과 같이 믿음으로만 준비할 수 있다고 생각합니다. 이는 인생의 노력과 활동과 수단을 부정하는 것이니, 만일 이것을 긍정할 것이면 '믿는 자' 란 말씀을 하시지 아니할 것입니다. 그러면 믿음이란 무엇입니까? 이것은 여기서 토의할 것이 아니니 자세히 말할 필요는 없으나 '믿음' 이란 말에는 사람의 무엇을 부정하는 의미가 담겨 있습니다. 기독교의 신앙이라 하면 위로부터 우리 인간들에게 내려오는 무엇인가를 표시하는 것 같은 감이 일어나는 것 같습니다. 다시 말하면 하나님께서 만드신 이 귀중한 초석을 우리에게 주시매 이것을 받는 것을 가리켜 '믿음' 이라고 하는 것이라 생각합니다.

믿음으로 사도 바울은 이 초석을 준비하였는데, 성 아우구스티누스도 이와 같은 믿음으로 꼭 같은 초석을 준비하였습니다. 그리하여 그는 기독교 역사에서 빼놓을 수 없는 위대한 공적을 남긴 것입니다. 그뿐만 아니라 지나간 1,500년 동안 그리스도인들이 이 초석을 소유하였으며, 이 초석으로 인하여 그들이 받은 영적 은혜는 무엇으로도 표시할 수 없다고 생각합니다. 따라서 이 귀한 보배를 공로 없이 받을 수 있는 믿음을 준비하여 참그리스도인의 초석을 삼으시기를 바랍니다.

우리는 위에서 이 초석은 그리스도요, 이것을 만드신 이는 하나님 자체이시며, 이것이 얼마나 필요하며, 또한 어떻게 이것을 준비할 수 있는지를 고찰하였습니다. 요컨대 우리 신자들은 누구를 무론하고 다 각각이 귀한 보배를 우리의 초석으로 하여 많은 복을 받으시기를 바랍니다.

《기독인의 초석》(1944)

하나님을 경외하라

이사야 33장 1-6절

“여호와를 경외함이 네 보배니라”(사 33:6)라고 하신 말씀에 대하여 보배란 말의 참뜻을 찾아보아야 본 제목 “여호와를 경외하라”를 이해할 수 있을 것입니다. 구약 히브리어에서 말하는 보배를 영문 성경에는 다음과 같이 번역했습니다.

1. Armoury: 병기고兵器庫
2. Garner: 저장소, 곡창
3. Cellar: 지하실, 혈창穴倉(곡식 저장고)
4. Store: 창고
5. Storehouse: 보고, 창고

6. Treasure: 재보財寶(보배로운 재물), 금은보석, 보물, 최애자最愛者, 귀중품, 중보重寶의 인人(보물처럼 중요한 사람), 애아愛兒. 'My treasure' 라 하면 '사랑하는 아들' 이란 뜻입니다.

7. Treasury: 금고, 국고

이상과 같이 구약성경에 나타난 원문의 뜻을 갖고 연구하며 종합적으로 고찰하여 진정한 보배를 찾아 은혜받고자 합니다.

보배

"The fear of the Lord is his treasure", 즉 "여호와를 경외함이 그의 보배니라"라고 우리의 역문譯文에 나타나 있습니다. 여호와 하나님을 경외하는 자는 여기서 "보배"를 그의 금, 은, 보석, 창고, 병기고라고 직역할 수 없습니다. 이 이상 가는 참 귀중한, 다시없는, 보기 어려운 진리가 감추어져 있는 그 무엇이 아닐까 합니다. 이것을 우리는 더듬어 찾아보기로 합시다.

1. 애아

하나님이 가장 사랑하시는 자입니다. 우리는 하나님의 사랑하는 아이로 여호와께서 친히 'My treasure', 즉 '내 사랑하는 아들' 이라 하시니 우리가 하나님의 보배가 될 때 얼마나 감사합니까? 이는 말로 할 수 없는 사실임을 우리는 분명히 압니다. 하나님은 자비하신 사랑으로 독생자를 속죄의 값으로 지불하시고, 우리를 죄악의 사망 가운데서 사시사 중생케 하시고, 그의 피로 깨끗하게 씻어 거룩하게 하시고 그의 자녀로 삼으셨으니, 이제 우리는 여호와 하나님의 사랑하는 아이가 되었습니다. 우리보다 더 귀한 보배가 다시없다고 할 수 있을 것입니다. 과연 하나님은 우리를 그의 보배라 부르실 것이니 얼마나 감사합니까? 우리는 하나님이 사랑하는 어린아이로 그의 앞에서 뛰놀며 찬송과 영광을 돌립시다.

2. 너의 보배

네가 여호와 하나님을 경외하면 너의 보배, 즉 나의 보배, 다시 말하면 나 자체가 보배가 되나니, 하나님 그 자체의 행동, 그 모습, 그 전부를 이른다 할 수 있습니다. 참으로 우리가 하나님을 경외하는 것보다 더 큰 보배는 없다고 생각합니다. 금은보석도 능히 비할 수 없는 보배는 하나님을 경외하는 사람 그 자체인 것을 알아야 합니다. 다윗 왕은 하나님을 경외하는 자이니 그 자신이 보배며, 그 민족을 통일하는 선군善君으로 그 민족에게 다시없는 보배가 된 것입니다. 모세도 그 민족에게 다시없는 보배로 그 민족을 애굽 노예의 상태에서 구원하여 40년간 광야에서 인도하였고, 여호수아도 그러하였으니, 그들은 하나님을 경외하므로 당시 찾아보기 어려운 귀한 보배가 된 것을 우리는 부인할 수 없습니다. 룻은 이방 사람이지만 시모와 같이 하나님을 경외하므로 귀한 보배가 되어 다윗 왕의 증조모가 되었고, 그의 계통으로 메시아 구주께서 도성인신하셨으니, 다시없는 보배가 된 것으로 생각할 수 있습니다.

3. 참보배

주 예수 그리스도보다 더 큰 보배는 없습니다. 그는 빛이시요, 생명이시요, 진리시요, 길이시요, 생수시요, 생명의 떡이시요, 사랑이십니다. 또한 의이신 대제사장이시요, 대선지자시요, 만유의 주, 만왕의 왕이시니 이보다 더 귀한 보배가 어디 있겠습니까. 다시없는 보배 중 보배이십니다. 속담에 관묘야광주[1]란 보배가 있는데, 이것에서 말하는 바는 무엇이나 다 나온다고 하나 아직 이것을 찾아본 사람은 없다고 합니다. 예수 그리스도를 가리키는 게 아닌가 생각합니다. 이유는 주님만 보면 원하는 만사가 형통할 것을 확신하기 때문입니다. 실례를 들면 로마의 문명을 파괴하려 북방에서 내려오던 반달족[2]들이 히포 성을 포위하여 침범하려 할 때 아우구스티누스는 죽었으나, 로마인들은 아우구스티누스가 모시었던 참보배이신 주 예수 그리스

1. 개와 고양이 설화인 '견묘보주탈환설화犬猫寶珠奪還說話'를 보면 무엇이든 다 들어주는 야광주가 등장한다. 위의 '관묘'는 '견묘'로 보인다.
2. 5세기 로마제국을 침범한 게르만족의 일파다.

도를 모시고 유럽에 가서 20세기의 문명을 받게 된 것입니다. 그런즉 문명은 그리스도로 말미암아 된 것을 우리는 압니다. 보십시오. 야만 나라는 그리스도가 없기 때문입니다. 그런즉 얼마나 귀한 보배, 다시 말하면 20세기 문명은 주님으로 말미암아 온 것입니다.

4. 교회

교회를 하늘나라의 재무성이요, 대장성大藏省(일본의 재무 담당 중앙관청) 같은 국고인 보물창이라고 부를 수 있으니, 보물 됨은 다른 말이 필요하지 않다고 생각합니다.

"여호와께서는 지존하시니 이는 높은 데 거하심이요 공평과 의로 시온에 충만케 하심이라 너희 시대에 평안함이 있으며 구원과 지혜와 지식이 풍성할 것이라"[사 33:5-6].

시온 같은 교회는 그리스도의 몸으로, 현대에는 모든 공평과 의와 평안과 구원과 지혜와 지식이 풍성한 곳은 그리스도의 지체인 교회뿐이라 믿습니다. 금은보석에 비할 수 없는 보배의 창고, 즉 보배 됨을 부인할 수 없습니다.

그런데 오늘 우리 교회는 어떠합니까. 공평과 의를 다 내어 버리고 평안도 즐거움도 찾아볼 수 없으니 머리 되신 주님의 공의, 공평, 평안, 즐거움은 떠났고 구원은 물론이요, 지혜와 지식의 시작이요 근본 되신 하나님도 배반하여 경외하지 아니합니다. 오늘날 교회는 그리스도의 몸이 될 수 없으니 어찌 보배라 할 수 있겠습니까. 도저히 할 수 없다고 생각합니다.

4월 20일 일본 선교사 쿠레인 박사가 우리 교회에 오시어 일본 교회의 실정을 소개하는 가운데 나는 놀랐습니다. 일본에는 참다운 교회가 없다는 것입니다. 그리고 일본은 우상의 나라라고 탄식하는 말씀을 들었습니다. 그가 실례를 드는데 첫째 신도神道, 둘째 불교, 셋째 가정 가미다나神棚[3] 숭배정신, 넷째 소위 일본 기독교입니다. 참말로 일본 기독교는 우상 종교라고 할 수 있으니, 참 유일신 하나님을 경외하는 기독교가 아니라 잡신을 숭배하는, 이름만 가진 우상 종교라고 합니다. 그가 증거하길 미국 페이스신학교에서 근본주의 신학을 공부하고 돌아온 학생에게 신사참배에 대하여 물으니 자기도 신사참배를 해야 한다고 주장하였다고 합니다. 그런고로 참그리스도만을 믿고 하나님만을 경외하는 자는 하나도 없다고 증거하였습니다. 나는 차라리 믿지 않는 사람보다 더 나쁘다고 생각합니다.

오늘 해방 후 한국은 어떠합니까? 지금 선진국의 기독교를 따라가고 있다고 생각합니다. 한마디로 말하면 세계 기독교는 공산화되어 가는 도중에 있습니다. 하나님을 부정하는 경향이 농후해지고 있습니다. 그래서 성경도 부인하고 그리스도의 참 구원의 도리를 버리는 가운데

3. 가미다나는 일본의 민간신앙으로, 가정이나 상점에 차려 놓고 참배하는 작은 제단을 일컫는다.

있다고 생각합니다. 이번에 내한한 미국 성경장로교 대회장 골든 목사의 담화를 듣고 경탄한 바 있습니다. 그에 따르면 금년 5월 미국 연합장로교 총회가 열렸는데, 웨스트민스터 신경[4]을 내어 버리고 성경유오설聖經有誤說[5]을 결의하게 되어 자기들 성경장로교 대회도 동시에 모여 이에 극구 반대하며, 성경은 하나님의 말씀인 것과 300년 동안 하나님의 말씀대로 된 이 신경대로 주장할 것을 결의했다는 것입니다. 참교회는 그리스도만이 머리시요, 교회는 그의 몸이라는 진리대로 믿어 가는 교회만이 그리스도의 신부로서 한 몸이 되는 참보배인 것을 알아야 합니다. 이것이 한 공교회, 즉 그리스도의 몸 된 교회로 무진장의 보고寶庫, 하늘나라의 대장성이라고도 할 수 있을 것입니다.

측량하기 어려운 보고임을 우리는 성경으로 증거합시다. 이것이 얼마나 풍성합니까. 우리의 머리 되시는 이의 한없으신 보배는 인간이 헤아릴 수 없습니다.

"그 영광의 풍성을 따라 그의 성령으로 말미암아 너희 속사람을 능력으로 강건하게 하옵시고 믿음으로 말미암아 그리스도께서 너희 마음에 계시게 하옵시고 너희가 사랑 가운데서 뿌리가 박히고 터가

---

4. 웨스트민스터 신앙고백The Westminster Confession of Faith은 개혁주의 신앙을 담고 있는 장로교회와 개혁교회의 신앙고백이다. 개혁교회의 중요 문서 또는 신조로 많이 채택되는데, 현재 한국 장로교에서도 사도신조, 니케아신조 등과 더불어 웨스트민스터 신앙고백을 중요 문서로 삼고 있다.
5. 성경유오설은 성경이 하나님 말씀이지만 과학적·역사적 오류가 있다고 생각하는 학설이다. 하지만 이들도 성경을 문자적으로 해석하는 것은 위험하다고 주장한다.

굳어져서 능히 모든 성도와 함께 지식에 넘치는 그리스도의 사랑을 알아 그 넓이와 길이와 높이와 깊이가 어떠함을 깨달아 하나님의 모든 충만하신 것으로 너희에게 충만하시기를 구하노라"[엡 3:16-19].

이런 보화, 보배가 어디 있습니까? 교회의 보배 됨이 그 몸 된 교회에 나타나 넘치도록 충만케 됨을 우리는 분명히 알 수 있습니다. 사랑만 있으면 모든 법을 온전히 이루나니 하늘과 땅에 이보다 더 큰 보화는 없다고 할 수 있습니다. 따라서 참으로 이것만 있어도 만사 해결하지 못할 것이 없다고 생각하니, 이것만도 넘치고넘치는 다시 찾을 수 없는 보배라 할 것입니다.

받자

이상에서 보배에 대하여 그의 보배, 나의 보배, 그리스도의 보배, 교회의 보배라 하였습니다. 이는 하나님을 경외하는 자는 귀한 보배를 소유하고 내가 보배가 되는 것을 상징하는 것입니다. 위에서 그리스도는 참보배이신데 내가 그 보배를 가지어 나의 것을 삼는 동시에 내가 그의 보배가 되는 것을 알 수 있습니다. 그런즉 이것이 실현되는 것은 여호와 하나님을 경외함으로만 가능하다는 것입니다. 또한 이것이 우리의 믿음인 것을 알아야 합니다. 믿음으로 하나님을 경외하고 믿음으로 이 보배를 받는 것이니, 믿음은 받는 것뿐이라 생각하기 때문입니다.

1. 무조건의 믿음

이것이 세상에 다시없는 보배를 받아 내 보배 되게 하는 것이니, 받는 데는 조건이 없음을 알아야 합니다. 그런즉 믿음이란 무조건 받는 것을 가리킨다 생각합니다. 받으니 이제 우리는 하나님을 경외하는 것입니다. 예를 들면 누가 내게 어떤 귀한 것을 주어 내가 받았으면 나는 그것을 사용할 것입니다. 마찬가지로 하나님을 경외하는 것을 받았으니 나는 그대로 하나님을 경외할 뿐입니다. 이것이 무조건의 신앙입니다. 나는 받는 것뿐이니 이것이 신앙이기 때문입니다. 그리하여 나는 여호와 하나님을 경외할 뿐이니 우리는 그의 보배가 되는 것입니다.

2. 성경적 믿음

성경적 신앙이 아니면 하나님을 경외할 수 없다고 생각합니다. 성경을 하나님의 말씀으로 받지 않고 어떻게 우리가 완전히 하나님을 알며 하나님의 그 크신 경륜을 알 수 있겠습니까. 성경은 하나님의 말씀으로 정확 무오한 유일의 경전인 것을 알 때 우리는 모든 의심을 내어 버리고 그 말씀대로만 살아갈 것입니다. 그뿐만 아니라 이런 사람에게 하나님의 말씀은 영의 양식이 됩니다. 그래서 이 말씀으로 살면서 우리는 하나님을 경외하는 것입니다. 내가 《복음의 진수》란 책을 썼는데 내 아들 된 자가 부인할 수 있겠습니까. 부인한다면 내 아들이 아닌 증거밖에 안 됩니다. 참 내 아들이면 부인할 수 없기 때문입니다. 마찬가지로 하나님의 말씀인 성경을 부인하면 그는 분명히 하나님의 자녀가 아니라는 증거밖에 안 됩니다. 결코 그 사람은 유일하신 신의 존재를 믿고 그의 자녀로 하나님을 경외할 수 없습니다. 하나님과 그의 말씀을 믿지 아니하는 자가 어떻게 그의 말씀을 순종할 수 있습니까. 또한 그를 경애, 경외할 생각조차 할 수 없는 것입니다. 그런즉 보배를 받아 그의 보배 되는 것은 성경적 믿음으로만 될 수 있습니다. 성경말씀을 생명의 양식으로 받아먹고 그대로 살면서 하나님을 경외하기 때문입니다.

3. 실천적 믿음

행함이 없으면 죽은 믿음이라 하셨습니다. 과연 믿음이 있으면 그 결과는 행함입니다. 그래서 데살로니가전서 1장 2절에 "믿고 행하라"고 하셨습니다.[6] 믿고 행하는 자만이 이 보배를 받아 그의 보배가 될 수 있는 것입니다. 아브라함이 믿음으로 하나님을 경외하여 독자 이삭을 하나님께 제물로 드리려던 행동은 진정으로 하나님을 경외하는 표증입니다. 이것이 실천적 믿음입니다. 우리도 그의 믿음과 같은 신앙으로 하나님 경외함을 실천합시다. 그리하면 우리도 그의

---

6. 원문에는 데살로니가전서 1장 2절로 표기했으나, 내용상 야고보서 2장 17-26절을 말하는 것으로 보인다.

보배로, 나의 보배로, 참보배인 그리스도를 받아 거룩한 보배인 주의 몸 된 교회를 이루어 하나님을 경외하는 가운데 이 귀한 보배를 3,000만에게 소개할 수 있습니다.

주를 경외함이 그의 보배라 / 내 주는 지존하사 높은 데 계셔
공평과 정의로 충만케 하라 / 너희의 시대에 평강 주시네
주를 경외함이 너의 보배니 / 평안함이 있으며 기쁨이 넘쳐
구원과 지혜와 지식 풍성해 / 주를 앙망하며 찬송하리라
주를 경외함이 나의 보배니 / 삼위일체의 주님 내 안에 계셔
나를 인도하며 보호하시네 / 주를 믿는 복을 내게 주소서
주를 경외함이 교회의 보배 / 참보고인 주님의 몸이 되었네
사랑하는 주님 교회에 계셔 / 머리 되시어서 참보배 되네

〈크리스챤 봉화〉 1권 8, 9호(1965)

성신의 역사[1]

에베소서 4장 3절

일대지一大旨. 어디에서?

성신의 역사가 어디서 실현되고 있습니까? 화평으로 연합한 중에서 되는 것입니다. 사랑으로 말미암아 서로 맺어지면 평화의 관계가 성립된다고 하였습니다. 밴젤은 평화가 유지되는 맨 처음은 사랑, 그것이라고 하였습니다. 과연 그러합니다. 쟁투하는 가운데 평화가 유지될 수 없습니다. 하지만 사랑함에는 분사分事가 없는 것입니다.

그런즉 자연 평화를 유지할 수 있을 것입니다. 나라와 나라 사이에 개인과 개인 사이에 모두가 사랑이 없어 분열되니, 사랑만 있으면 언

1. 이 글은 김치선의 "에베소서 주해 9"에서 발췌한 것으로, 전통적 설교에서 많이 사용하는 삼대지설교(three points sermon) 형식으로 기록되어 있다.

제나 평화요, 서로 맺어져서 진정한 평화가 이뤄질 것입니다. 오늘날 우리 신자들은 그리스도의 희생적 사랑으로 말미암은 것이니 우리에게 사랑만 있으면 진정한 평화는 언제나 유지될 수 있을 것입니다. 그런즉 이것이 성령의 역사로부터 오는 것임을 우리는 잊지 말아야겠습니다.

이대지二大旨. 무엇이냐?

성신의 역사가 무엇입니까? 하나 되게 하는 것이 성신의 역사입니다. 이것은 영적 일치를 말합니다. 성신께서 성도 가운데서 활동하시므로 이뤄지는 역사인 것을 알아야 합니다. 그리하여 이것이 외형의 일치가 되니, 즉 종파가 하나 되고 개개인이 연합하여 하나 되는 것입니다. 그런즉 이것은 한 성신께서 같은 헌법을 갖고 활동하사 같은 방법으로 동일한 예배를 드리게 하고, 하나의 단체로서 복음을 전하는 것으로 외형에 나타난 일치라고 할 수 있습니다. 그러나 근본적 하나는 영적 통일인 것을 알 수 있으니, 그리스도인에서 그리스도와 교통하는 가운데 자연 일치하게 되는 것으로 생각할 수 있습니다. 그리스도인은 그리스도를 위하여 다 같이 사는 가운데 통일을 이루고, 그리스도의 참다운 사랑으로 실행할 때 일치를 이루는 것이니, 이것이 순전히 성신의 역사로 되는 것입니다. 일치란 그리스도인이 희망하는 것입니다. 요한복음 17장에 이 사실을 밝히 말씀하였습니다. 서로 하나가 되는 것이니 바울도 이것을 간절히 원하였습니다. 그리하여 그는 가르쳤습니다. 로마서 15장 5절에서 "서로 뜻을 같이하여"라고 말씀하였고, 12장 16절에는 "서로 마음을 같이하라", 빌립보서 1장 27절과 2장 2절에 보면 일치하는 것을 가르쳤습니다. 또한 베드로 선생도 베드로전서 3장 8절에서 "마음을 같이하라"라고 하였습니다. 그러나 이것은 성신의 역사가 아니면 할 수 없는 것입니다. 그리하여 성신이 하나 되게 하신다고 에베소서 4장 3절에서 말씀하였습니다.

우리가 분명히 아는 것은, 오순절에 120명에게 성신께서 강림하사 그들의 마음에 역사하심으로 그들이 완전한 한 덩어리가 되어 마음과 생각도 같고 말과 행하는 것도 같아졌습니다. 그들은 조금도 자기들의 것이라 하는 일이 없이 서로 있는 것까지 통용하여 네 것 내 것이라 하는 이들도 없었습니다. 과연 그들은 문자 그대로 완전한 하나를 이루었음을 역사는 증거합니다. 그런즉 오늘도 우리의 급선무는 성신 받는 것입니다. 그 외에는 다른 길이 없으니 우리 성도들이여 한마음으로 힘써 항상 기도하되 회개하여야 합니다. 회개함 없이 성신이 오시지 않고, 그러면 역사는 중지되나니 우리는 쉬지 말고 회개하고 믿음으로 열심히 기도하여 성신을 받을 준비를 하여야 합니다.

삼대지三大旨. 어떻게 할 것인가?

"힘써 지키라"는 말씀은 성신께서 역사하사 이뤄 놓은 통일을 힘써 지키라는 것입니다. 우리가 아는 대로 이방과 유대가 성신의 역사로 하나 되게 하실 것입니다. 유대인들은 이것을 가끔 잊고 이방을 배척하였습니다. 이 사실은 베드로에게서도 찾을 수 있습니다. 그러므로 이방과 유대가 통일된 이 큰 사실을 힘써 지켜 다시는 분열되지 말아야 할 것입니다. 만일 주의하지 않으면 다시 분열될 염려가 있습니다. 그런즉 "지키라" 함은 'to keep by going head'이요, '힘써'는 'endeavoring'이니 이것은 'seeking' 또는 'endeavoring with diligence'란 뜻입니다. 그러므로 이것의 참뜻은 'diligently endeavoring to watch fully awake'라고 어떤 선생은 해석하였습니다. 즉 '열심으로 힘써 깨어 지키라'는 뜻이니, 이것은 싸우는 군사들이 적군을 바라보면서 파수꾼과 같은 상태인 것을 알 수 있습니다. 과연 마귀는 우는 사자와 같이 다니면서 삼킬 자를 찾습니다. 어느 순간 분열의 악마가 우리 가운데 침입할지 알 수 없습니다. 그러므로 파수꾼같이 깨어 힘써 지키지 않으면 안 될 것을 여기서 말씀하시는 것입니다.

결론

성신의 역사로 통일할 수 있는 것입니다. 그런즉 오늘도 성신께서 우리 교회에 오시어 역사하시게 하여야 할 것입니다. 더러운 교회에 오시는 것이 아닙니다. 그러므로 우리 교회는 회개하여야 합니다. 그리하여 성신의 전殿이 될 때 성신께서는 우리 교회에 오시어 큰 역사를 성취할 수 있는 것입니다. 그 외에는 할 수 없다는 것을 잊지 맙시다.

〈크리스챤 봉화〉 통권 25호(1967)

우리를 교양하시되

디도서 2장 12-14절

우리를 양육하시되 경건하지 않은 것과 이 세상 정욕을 다 버리고 근신함과 의로움과 경건함으로 이 세상에 살고 복스러운 소망과 우리의 크신 구주 예수 그리스도의 영광이 나타나심을 기다리게 하셨으니 그가 우리를 대신하여 자신을 주심은 모든 불법에서 우리를 구속하시고 우리를 깨끗하게 하사 선한 일을 열심히 하는 자기 백성이 되게 하려 하심이라[1]

"우리를 교양하시되"란 제목에서 생각하면 본문은 근본주의적 교

1. 원문에는 없으나 이해를 돕기 위해 표기하였다.

육의 표어라고 할 수 있습니다. 영문 성경에는 교양을 'Teaching'이라 했는데, 이는 헬라어로 파이듀오παιδεύω로, '교육하다', '양성하다', '훈련하다', '가르치다'란 뜻이니 성경적 교육 방침을 말합니다. 대한신학교 1965년도 개학식에 참석한 여러분뿐 아니라 세계 신학도들에게 반드시 소개하여야 할 내용으로 생각합니다.

소극적

신학생들을 교육함에 있어 반드시 소극적 방면으로 가르쳐야 할 것이 있음을 알 수 있습니다.

1. "경건치 않은 것과"[12절]

이는 영역英譯으로 'ungodliness'니, 신성에 대한 불경한 모독을 말합니다. 하나님의 존재를 부인하고 주님의 신성을 부정하며 삼위일체론을 배격하는 것은 경건치 아니한 행동인데, 더욱이 하나님의 말씀에 대하여 부정하며 동정녀 탄생설을 신화로 취급하여 동정녀를 처녀로 바꾸어 개역성경에 기입한 것은 경건치 못한 태도입니다. 예수께서 마구간에서 나심을 신화라고 하여 사생아로 취급하니, 이런 경건치 못한 행동이 어디 있습니까? 따라서 언행도 더럽고 성경과 위반되는 경건치 못한 짓을 하여 술과 담배는 물론 교회당 안에서 춤을 추어 방탕한 가운데 있는 교직자들까지 볼 수 있으니, 이러한 경건치 못한 것을 지적하고 가르쳐 경건한 생활을 하도록 하여야 합니다.

2. "세상 정욕을 다 버리고"[12절]

경건치 않은 것만 버릴 것이 아니라 세상 정욕도 다 버려야 합니다. 'lust'라 영역英譯되니 세상 정욕, 탐욕을 말하는 것은 물론이요, 허랑방탕한 자들도 이름이 틀림없습니다. 특별히 색욕을 가리키니, 산에 가서 기도한다 하고 정욕을 참지 못하여 더러운 행동을 하다가 단체를 지어 교파를 만들어 추한 행동을 하는 것을 볼 수 있습니다. 그리고 금전과 명예욕을 못 참아 나라까지 팔아먹는 행동을 볼 수 있으니, 이것이 기독교인이라는 자들 중에 있음을 들을 때 가슴 아파 견디기 어렵습니다. 그리고 성경도 보지 않고, 기도하지도 아니합니다. 그러니 이런 무서운 행동을 다 버리고 돌아와서 성경대로 살아가야 할 것입니다. 그렇지 아니하면 다 망할 것뿐이니 가르쳐서 버리게 하십시오.

적극적

오늘날 국민 교육까지도 적극적 교육에 치중하여 훈련케 함을 볼 수 있습니다. 성경대로 교육을 받으려는 신학도는 적극적으로 선한 것을 가르침 받아 그대로 실천에 옮겨야 합니다. 성경은 우리 신학도들의 유일한 교재입니다. 그러므로 성경에서 가르치고 말씀한 대로 절대 순종하여 실행하여야 합니다. 하나님의 말씀은 일점일획도 변할 수 없습니다. 주님 말씀하시기를 "천지는 없어질지언정 내 말은 없어지지 아니하리라"[마 24:35]라고 했습니다. 그런즉 우리는 이 하나님의 말씀인 성경대로 적극적으로 실행하여야 합니다.

1. "근신함과"[12절]

영역에 'live soberly' 라 하였습니다. 즉 '진실하게 살라', '술을 먹지 말고 취하지 말고 살라' 는 의미입니다. 여러분, 근신 생활을 하라는 말씀이 분명합니다. 첫 잔 술을 먹고, 둘째 잔 술이 술을 먹고, 셋째 잔은 술이 나를 먹는다는 이야기가 있습니다. 따라서 우리는 근신하는 생활을 하여 술을 입에 대지 말아야 합니다. 마찬가지로 활동사진관(영화관)에 가는 것은 술 먹는 것과 같습니다. 텔레비전도 그러하고 담배도 그러합니다. 따라서 우리는 범사에 근신하여야 합니다.

사랑하는 우리 신학도들이여, 남녀 문제에 대하여도 근신해야 합니다. 교역할 때 남녀 두 사람만 다니면 안 됩니다. 심방하다가도 여자만 있는 집에는 남자 교역자가 들어가지 말아야 합니다. 하나부터 열까지 전부 근신하는 생활을 하여야 합니다. 거짓된 것은 추호도 없이 전부 진실된 생활, 이것만이 적극적으로 살아가는 참성도의 생활이라 생각합니다. 우리는 언어도 조심하여, 진실한 말밖에는 하면 안 되고 남을 방해하는 말이나 모략중상의 말도 절대로 하면 안 됩니다.

이는(거짓이나 모략중상하는 말을 하는 이는) 근신하는 생활을 하는 자가 아님을 알고 우리는 범사에 근신하기를 힘써야 합니다.

2. "의로움과"[12절]

영역의 'righteously'로, '의롭게', '바르게', '정직하게', '마땅히'라고 번역되었습니다. 범사에 우리의 언행심사를 바르고 정직하게 하는 것이 의로운 것임을 알 수 있습니다. 어려운 신학도들이여, 수업시간 빠지는 것이나 학교에 와도 교실에 들어오지 않고 한담하는 것이, 그리고 출석하였다가도 시간 중에 퇴장하는 것이 학생으로 의로운 일이며 행동일까요? 여러분은 혹 선생이 자격 없다고 변명할 것입니다. 그래도 학생은 학생으로서 의로움이 있어야 합니다. 자기 시간을 엄수하여 졸업까지 한 시간도 빠짐없이 공부하겠다는 그 의로운 마음을 그대로 정직하게 지켜 행하면 그는 참 적극적으로 의로운 자인 것을 알 수 있습니다.

성공한 자는 부자나 재주 있는 자가 아니라, 없어서 어려움이 있을지라도 죽지 아니하는 한 자기의 본직인 공부에 열심으로 충성하여 공부하는 자입니다. 그런 자가 크게 성공하는 것이며, 이것이 참 의로운 것임을 나는 확신합니다. 우리는 요셉같이 의로워야 합니다. 그는 부모에게나 형제에게 정직하였습니다. 그는 노예 생활에도 정직하고 순결하였습니다. 그는 감옥 생활에도 마땅히 할 것을 다하여 충성하였고 왕 앞에 진실하고 의로웠습니다. 그는 하나에서 열까지 의로웠습니다. 그래서 그는 세계 인류를 살리는 역사의 주역이 될 수 있었습니다. 여러분, 범사에 의로우십시오.

3. "경건함으로"[12절]

영역에 'godly' 라 하였습니다. '하나님을 공경하는', '믿음 있는', '하나님의 신성한', '믿음 진실한 사람들' 이라 번역됩니다. 신성을 우리도 소유할 수 있음을 말씀하시는 것입니다. 그런즉 우리는 하나님을 경외하고 공경하는 마음으로 믿고 진실한 사람이 되어 하나님의 성품을 내 성품으로 하여야 할 것입니다.

그런즉 하나님답게, 하나님 같은 행동이 내 안에 있음을 말하는 것입니다. 하나님같이 거룩하고, 그 행위가 깨끗하고 옳으며, 참되고 진실하며 선하고 아름다우며 사랑과 자비가 충만하여 모든 사람을 대할 때 주님 사랑으로 사랑하며 주의 의로 행하는 생활이니, 그것은 참으로 귀하고 귀합니다. 우리는 하나님을 닮은 신성한 성품을 갖고 주님을 적극적으로 본받아 주님같이 되는 생활을 알아야 합니다.

"너희는 이 마음을 품으라 곧 그리스도 예수의 마음이니"[빌 2:5].

그리스도의 마음을 품으면 하나님의 마음을 품는 것이니 우리는 반드시 주님의 마음을 품어야 합니다.

신학도들의 교육은 그리스도를 모본하는 훈련이니 어찌 신학도뿐이겠습니까. 그리스도의 사람이라면 누구나 주님을 본받는 생활을 하여야 합니다. 실제로 바울은 이 세상에서 그리스도를 모방하는 생활을 하였으니, 그는 경건치 않은 것과 이 세상 정욕을 다 버리고 심지어 장가도 안 간 것을 우리는 압니다. 그리고 그는 근신하며 의로우며 경건함으로 우리에게 모본을 보여 주었으니, 그는 참주님을 모본한 유일의 인물이라 할 수 있습니다. 사랑하는 여러분, 하나님의 말씀대로만 교육을 받아 그대로만 훈련하여 바울같이 아라비아 3년이 이곳이 되기를 바라 마지않는 바입니다. 완전한 변화 없이는 결단코 불가능하다는 것을 알아 진정한 회개로부터 시작합시다.

의무

13절과 14절은 교육의 의무를 말하는 것이라 생각합니다. 국민에게 의무교육이 있는 것같이 그리스도인에게는 하늘나라의 의무교육이 반드시 있어야 한다고 생각합니다.

1. "복스러운 소망"(13절)

스코필드 박사[2]에 의하면 이 말씀은 주의 재림을 의미하고 주의 나라 실현을 말하는 것이니, 하늘나라 시민에게는 하늘나라가 곧 우

2. Francis William Schofield, 1889-1970. 일제치하에서 우리나라의 독립에 헌신했던 캐나다 출신 선교사이자 수의사다.

리 신자의 나라를 뜻하는 것입니다. 빌립보서 3장 20절에 "오직 우리 나라는 하늘에 있는지라 거기에서 구원하는 자 곧 주 예수 그리스도께서 강림하시기를 기다리느니"[3]라 하셨는데 복스러운 소망은 주님의 재림이라 하셨으니, 우리의 영원한 나라를 건설하실 것을 의미합니다.

"너희는 마음에 근심하지 말라 내가 가서 너희 있을 곳을 예비하면 다시 와서 너희를 나 있는 곳으로 인도하리라"(요 14:1-3 참조).

우리도 가바라보아야 할 것은 소망, 즉 복스러운 소망인 주님의 재림입니다. 신구약은 주님 나라 건설의 예언이 다 이루어졌는데 남은 것은 오직 복스러운 소망, 주의 재림이니 이는 하늘나라에 대한 주의 재림이요, 이것이 우리에게 의무교육이라 믿어 마지않는 바입니다. 그런데 오늘날 현대 교육에서 이 교육이 희박하여 부인否認하는 교육을 실시하는데, 마치 무신주의를 가르치는 것과 조금도 다를 바 없습니다. 우리의 의무교육은 복스러운 소망, 즉 주의 재림에 대한 의무교육입니다. 이것이 의무교육이기에 우리는 여기에 대하여 성경을 통하여 완전한 가르침을 받고 이것을 사수하여야 합니다. 그뿐 아니라 이 교육받은 것을 통달하여 남에게 가르쳐 주어야 합니다.

사랑하는 이들이여, 잊지 마십시오. 주의 재림이 없으면 그리스도

3. "오직 우리의 시민권은 하늘에 있는지라 거기로서 구원하는 자 곧 주 예수 그리스도를 기다리노니"

도 없고, 그의 나라도 없고, 따라서 그도 벌써 죽고 말았으므로 아무 소용이 없습니다. 우리의 교육의 주제는 재림입니다. 의무교육으로 주의 재림을 사실로 알고 믿고 연구하여 밤낮 기다리는 자가 복된 소망을 갖는 자입니다.

2. "구주 예수 그리스도"(13절)

스코필드 박사는 복되신 소망이 주의 재림이라 한 것뿐 아니라, 예수 그리스도의 구주, 즉 구원Salvation에 대하여 로마서 1장 16절을 인용하여 다음과 같이 말하였습니다.

"내가 복음을 부끄러워하지 아니하노니 모든 믿는 자에게 구원을 주시는 하나님의 능력이 됨이라."

이 말씀의 참뜻은 복음인 그리스도 예수의 십자가 죽음과 3일 만에 부활하심을 믿는 것으로 우리가 구원을 받고 그 외에 복음이 없는 것을 가르침입니다. "내가 전하지 아니하면 내게 화가 미치리라 복음을 부끄러워하지 아니하노라"(고전 6:16; 롬 1:16) 하신 것은 이것이 의무이기 때문입니다. 그러므로 이 교육도 의무적이 되어야 합니다. 보십시오. 디도서 2장 14절에 "그가 우리를 대신하여 자신을 주심은 모든 불법에서 우리를 구속하시고 우리를 깨끗하게 하사 선한 일에 열심 하는 친 백성이 되게 하려 하심이니라"라고 말하고 있습니다.

이것을 배우는 것은 또한 반드시 전할 의무가 있다는 것을 의미하는 것입니다. 그래서 바울이 구속함을 받은 그 시간부터 이 복음을 전할 의무가 있었다는 것을 알 수 있으니, 그보다 더 어려움을 당할 자가 없음을 고린도후서 11장을 통해 알 수 있습니다. 빌립보서에는 "나를 칭찬하나 반대하나 주의 복음만이 전파되니 감사하다"(빌 1:18 참조) 하였습니다. 이는 분명히 구원받음에 대한 교육을 받는 것만이 아니라 그와 함께 순교의 정신을 갖고 의무적으로 이 복음을 전해야 한다는 것입니다.

그런즉 우리도 구속함을 받고 깨끗함을 받아 선한 일, 즉 복음 전하는 일에 열심을 내는 참일꾼이 되기를 바랍니다. 신학도는 물론 구원받는 자는 누구나 의무적으로 구속을 가르치고 복음 전하는 일을 열심으로 생명을 다하여 행하여야 합니다.

운영

이 교육의 운영자는 누구입니까?

1. 하나님 아버지

우리가 할 일은 이 교육을 운영하되 창설하여 이르는 모든 것이 사람이 아니라 오직 여호와 하나님이시니, 그의 크신 섭리로 경영하심을 반드시 알아야 합니다. 흔히 사람을 신학 교육의 운영자로 보지만 그렇지 않습니다. 나는, 즉 사람은 운영하시는 하나님의 명령을 거슬러 망치는 것뿐입니다. 하나님 아버지께서 친히 경영하시는데 사람은 사용되는 도구일 뿐인 것을 알아 겸손한 가운데 순종해야 합니다.

2. 예수 그리스도

예수 그리스도께서 반드시 신학 교육의 교장이 되어야 합니다. 내가 학교 교장인 줄 알 때 모든 실수가 나타납니다. 나는 교장 되신 예수 그리스도의 명령만 받아 행할 뿐입니다. 그런데 나는 과거에 내 마음대로 한 적이 얼마나 많은지 말로 다할 수 없습니다. 그래 오늘 이렇게 되었다고 생각합니다. 사람에게는 맡길 수 없습니다. 그러나 내 주 예수 그리스도께는 모두 맡겨야 할 것입니다. 그만큼 그분은 참교장이 되어 주실 것입니다.

3. 성신

성신은 유일의 선생이십니다. 주님 말씀하시기를 "내가 보혜사, 즉 선생을 보내겠다 그가 오시면 너희를 진리 가운데로 인도하여 가르쳐 주시겠다"[4]고 하셨습니다. 과연 3년 동안 주님이 친히 가르쳐도 제자들은 부족하였습니다. 오순절에 성령강림 하심으로 저들도 경건하게 되었고, 세상 정욕 다 내어 버리고 근신하며 의롭고 경건하였습

4. "보혜사 곧 아버지께서 내 이름으로 보내실 성령 그가 너희에게 모든 것을 가르치고 내가 너희에게 말한 모든 것을 생각나게 하리라"(요 14:26)

니다. 그러므로 세상에 살면서 주의 재림에 대한 복된 소망을 교육받고 구속의 도리를 확실히 깨달아 복음이 무엇인지 완전히 보아 왔습니다. 또한 나가서 순교정신 안에서 의무적으로 가르치며 전파한 것을 우리는 분명히 아는 바입니다.

교재

성경만이 우리의 참교재입니다. 지금 수만 권의 기독교 서적들이 있지만 이것들이 결코 우리 신학교의 교재가 아닙니다. 이것들은 참고될 뿐입니다. 그러나 조심해야 합니다. 성경을 부인하는 책자들이 수없이 나오고 있기에 우리는 죽음을 내어 놓고 이런 것을 배격해야 하며, 우리에게는 성령의 가르침을 받아 쓴 책들이 많은 참고가 될 것입니다. 다른 책들을 성경으로 생각하는 것은 실수입니다. 유일한 성경이 우리에게 있을 뿐입니다. 그 외에는 절대 없습니다.

기도하는 자가 되어 주야로 기도하는 가운데 성령께서 이 말씀을 우리에게 확실히 이해케 하여 주십니다. 그러므로 우리는 항상 기도하고 성경 보고, 성경 보고 기도하되 결코 환상이나 꿈으로 지시를 기다리지 말고 성신의 지시와 가르침으로 성경을 보고 듣는 가운데 깨닫게 되어야 합니다. 증거할 때 결코 나를 증거치 말고 주의 말씀만 증거해야 합니다.

1. 우리를 교육하되 경건치 않은 것과
이 세상 정욕을 다 버리고 근신함과
의롭고 경건으로 이 세상에서 살며

2. 복스러운 소망과 우리 크신 하나님
구주 예수의 영광 나타나심 기다려
우리를 대신하여 자신을 주시었네

3. 모든 불법 중에서 우리를 구속하고
깨끗하게 하시사 선사에 열심하는
친 백성 되게 하려 함이니 찬송하세

4. 하나님 운영하여 교장은 예수시요
성령은 선생으로 성경 진리 가르쳐
우리를 훈련시켜 일선으로 보내리

〈크리스챤 봉화〉 제1권 4호(1965)

내적 생활

디모데후서 3장 12절

'그리스도 안에서 경건하게 살고자 하는 자' 는 내적 생활을 하여야 될지니, 이는 이러한 생활만이 진정한 의미에서 경건한 삶이 되리라고 믿는 까닭입니다. 그런즉 내적 생활이란 어떠한 생활을 가리키느냐고 누구나 물으시리라 생각합니다. 여기에 대하여 영적 혹은 정신적 생활을 가르친 성 이그나티우스 로욜라[1] 씨가 대답한 줄로 아나니, 이그나티우스 로욜라 씨는 다음과 같이 주장하였습니다.

"인간은 그의 주 되시는 하나님을 찬미하고 숭경崇敬하고 또한 봉사할 수 있는 목적 때문에 창조함이 되었다."

1. Ignatius Loyola, 1491-1556. 스페인의 수도사. 예수회를 창립하였다.

이것을 좀더 구체적으로 말씀한 이가 이블린 언더힐[2] 씨라 생각합니다. 이블린 언더힐 씨는 《내적 생활에 관하여*Concerning the Inner Life*》란 책에 로욜라 씨의 주장을 소개하고 다음과 같이 자기 견해를 말씀하였습니다. 즉 사람의 제1의무는 하나님을 갈망하고, 제2의무는 하나님을 경외하고, 제3의무는 하나님께 봉사하는 것이라 하였습니다. 이에서 그는 우리와 지구 표면에 존재한 무수한 인류 전체가 다른 어떠한 것 때문이 아니라 다만 하나님께 대하여 드릴 만한 것들, 즉 세 가지 때문에 창조함이 되었다고 하였습니다.

또한 이상의 말씀을 강조하기 위하여 다음과 같이 주장하였으니, "우리는 하나님께로부터 오고 우리는 하나님께 속하고 우리의 궁극은 하나님이라" 하였습니다. 이것이 사실이라고 믿는 자에 한하여 내적 생활은 결코 다른 것이 아니라 오직 세상에 말씀한 세 가지 의무, 즉 하나님을 갈망하고, 경외하고, 봉사하는 것이라 생각할 수 있으리라고 믿습니다. 또한 하나님께 속한 것을 밝히 아는 사람에게 더한 경건한 생활은 없으리라고 생각합니다. 이것이야말로 참 내적 생활임을 알아, 다음에 이 세 가지를 소개함으로 여기에 대한 나의 책임을 다하려고 합니다.

2. Evelyn Underhill, 1875-1941. 종교와 영성 분야의 여성 저술가다.

하나님을 갈망

하나님을 진정으로 갈망하는 생활을 계속하는 자를 가리켜 내적 생활 하는 자라고 합니다. 이러한 사람은 마치 이사야 40장 31절 말씀과 같다고 할 수 있습니다.

"오직 여호와를 앙망하는 자는 새 힘을 얻어 독수리처럼 날개를 치며 올라가고 달음박질하여도 곤비하지 아니하고 걸어가도 피곤하지 아니하리로다."

이 말씀은 하나님을 갈망하는 자는 독수리와 같다고 합니다. 그렇다면 어떠한 의미에서 같다고 하는지 고찰해야겠습니다. 아리스토텔레스와 대 플리니우스Plinius Major 같은 학자들은 말하기를, 독수리는 상고시대에 굶주리지만 아니하면 결코 죽지 않는다고 하였으니 이는 조류 가운데 제일 오래 살 수 있다는 것을 말해 준다 합니다. 또한 전설에 독수리가 하늘 높이 올라가서 태양에 이르자 그만 날개가 타버리고 그 자리에 다른 새 날개가 자라났다고 합니다. 물론 우화지만 이는 독수리가 다른 새들보다 제일 높이 날아 올라간다는 것을 말하는 것이라 생각합니다. 칼뱅 선생은 말씀하시기를 여호와를 의지하는 자는 독수리같이 힘 있고 활발하며 신속한 것을 가리킨다 함을 뜻한다고 합니다. 이상을 종합하여 보면 독수리는 오래 살고 힘 있고 민활한 것을 이름이라 할 수 있습니다. 과연 독수리는 공중에 날아다니는 조류 가운데 왕이라고 합니다. 이러한 점에서 여호와 하나님을 갈망하는 자를 독수리에 비하여 말씀한 줄로 생각하나니 얼마나 행복한 것입니까. 비록 어려움을 당한다 하여도 이것이 도리어 기쁨으로 화하는 줄 압니다. 따라서 "우리가 사방으로 우겨쌈을 당하여도 눌리지 아니하고 답답함을 당하여도 낙심하지 아니하며 핍박을 당하여도 버린 바 되지 아니하며 거꾸러뜨림을 당하여도 망하지 않노라" 라고 고린도후서 4장 8-9절에 하신 말씀으로 가히 알 수 있으니, 비록 우리가 어떠한 어려움을 당한다 할지라도 독수리와 같이 위를 향하여 올라갈 수 있고 달음질하여도 곤비하거나 피곤함을 느껴 낙심하지 않고 산다는 의미라고 생각합니다.

이상 말씀한 것을 가지고 하나님을 갈망하는 자와 독수리를 비교하여 더 자세히 살펴보려고 합니다.

첫째, 장수

아리스토텔레스의 말과 같이 독수리는 상고시대에 배만 고프지 않으면 죽지 아니한다 하였으니 이는 장수하는 것을 뜻한다고 생각합니다. 이와 같이 하나님을 갈망하는 자는 그의 영혼이 영원토록 존재할 것이며, 그리스도의 영광 가운데서 즐거움의 생활을 할 것임을 우리는 성경을 통하여 밝히 아는 것입니다. 사도 요한이 밧모 섬에서 묵시 가운데 "새 하늘과 새 땅을 보니 처음 하늘과 처음 땅이 없어지고 바다도 또한 다시 있지 아니하더라 내가 또 보매 거룩한 성 새 예루살렘이 하나님께로부터 하늘에서 내려오니 그 같은 것이 마치 신부가 지아비를 위하여 단장한 것 같더라 내가 들으매 보좌에서 큰 소리가 나서 가라사대 볼지어다 하나님의 장막이 인간에 있으매 하나님이 저희와 함께 거하시리니 저희는 하나님의 백성이 되고 하나님은 친히 저희와 함께 계셔 저희의 하나님이 되고 눈물을 그 눈에서 씻기시매 다시 사망이 없고 애통하는 것과 곡하는 것과 아픈 것이 다시 있지 아니하리니 처음 일이 지나감이라 보좌에 앉으신 이가 가라사대 내가 만물을 새롭게 하노라 하시고 또 가라사대 이 말은 진실하고 참되니 기록하라 하시고 또 내가 말씀하시되 이루었도다 나는 알파와 오메가요 처음과 나중이라 내가 생명수 샘물로 목마른 자에게 값없이 주리니"[계 21:1-6]라고 하였습니다. 또한 "나는 하나님이 되고 저희는 내 아들이 되리라"(계 21:7) 하신 말씀은 우리의 영의 영원성과 참행복을 그대로 그려 낸 말씀이라 믿습니다.

둘째, 힘

여호와를 앙망하는 자는 독수리와 같이 힘이 있겠다고 하셨습니다. 시편 18편 1-2절에 "나의 힘이 되신 여호와여 내가 당신을 사랑하나이다 여호와는 나의 반석이시요 요새와 구원자시며 나의 하나님이시요 반석이시니 내가 그에게 피하리로다 나의 방패와 구원의 뿔이시며 나의 높은 탑이시로다"라고 하신 말씀과 시편 27편 1절에 "여호와는 나의 빛과 구원이시니 내가 누구를 두려워하리요 여호와는 내 생명의 능력이시니 내가 누구를 두려워하리요"라고 하신 말씀으로 하나님이 어떠한 인격자이신지를 알 수 있습니다. 전지전능하신 살아 계신 여호와 하나님을 갈망하는 자는 하나님의 힘을 얻어 영적 힘 있는 자가 될 수 있음을 이름이니, 우리는 고금을 통하여 하나님께로부터 영의 힘을 얻어 힘 있는 용사가 되어 하나님을 위해 영적으로 큰 역사를 이루신 선배들을 얼마든지 셀 수 있습니다. 그렇기 때문에 어떠한 정신적 어려움이 저들에게 닥쳤어도 조금도 두려움이 없었으니, 이것이 하나님의 힘을 받은 증거라고 생각합니다. 사도 바울께서 자기의 부족함을 고침 얻으려고 기도할 때 하나님께서 말씀하시기를 "내 은혜가 네게 족하니 대개 내 능력은 약한 데서 온전히 이루었나니라"(고후 12:9)라고 하시었으니 하나님의 능력이 얼마나 위대한가 알 수 있습니다. 또 우리는 이 힘이 우리에게 오는 것을 믿는 바입니다.

셋째, 민활敏活

칼뱅 선생은 여호와를 갈망하는 자는 독수리와 같이 민활하리라고 하었습니다. 히브리서 12장 1절에 "모든 거리끼는 것과 얽매이기 쉬운 죄를 벗어 버리고 참음으로 우리 앞에 있는 달음박질 마당에 달리며 믿음을 주장하사 완전하게 하시는 예수를 바라보자"고 하신 말씀 가운데 우리를 붙잡아 얽매어 어찌할 수 없게 만드는 것이 죄입니다.

이것이 기독도에게 있던 무거운 짐 같아서 민활하게 할 수 없는 것뿐 아니라 구원성救援城에 들어갈 수 없게 하는 것이나, 십자가 앞에 이를 때 자기 등에서부터 무거운 짐이 벗겨져 경쾌하게 되었고 동시에 말로 다할 수 없는 즐거움을 얻는 것입니다. 하나님을 갈망하는 생활을 하는 자에게는 먼저 그리스도로 말미암아 죄의 짐을 벗게 되고, 다음에 민활하게 되니, 하나님을 갈망하면 갈망할수록 더욱더 성화하게 되며 최후 하나님의 완전하심과 같이 될 수 있을 것입니다. 그리하여 이보다 더 민활할 수는 없을 것입니다.

하나님을 경외

내적 생활의 둘째는 하나님을 경외하는 것이라 생각하나니, 이는 경건한 생활에는 반드시 따라오는 것이라 믿기 때문입니다. 그뿐만 아니라 하나님께서 인생들에 대하여 이러한 생활을 명하시고 요구하시는 것인 고로 모세에게 "너와 네 자손이 평생토록 여호와 네 하나님을 경외하여 내가 네게 명한 모든 규례를 지킴으로 장수함이라"[신 6:2], 또한 "이스라엘아 여호와 네 하나님이 네게 요구하시는 것이 무엇이냐 여호와 네 하나님을 경외하고 그 모든 도를 행하고 그를 사랑하며"[신 10:12]라고 말씀하신 것으로 아오니 내적 생활에는 경외함이 없지 못할 것입니다.

어디서 하나님을 경외할 것입니까? 어디든지 가능한 것이나 교회당에서 하나님을 경외하는 것을 게을리하면 안 되리라고 생각합니다. 어떤 나라에서는 방송국에서 예배의 전부를 라디오로 방송하여 집에서 예배할 수 있게 되자 교회당으로 가서 예배하는 자의 수가 점점 감소하게 되었습니다. 그 결과 그리스도인의 내적 생활은 점차 박약하게 되어 마침내 하나님 경외는 고사하고 방탕한 가운데 빠져 죄악에서 방황하는 자의 수가 증가하는 것을 우리는 잘 압니다. 성전에서 하나님을 경외하는 것이 필요하기 때문에 하나님께서 성전 건축을 허락하시었고, 또한 솔로몬 왕은 거액을 들여 훌륭하고 아름다운 성전을 지어 하나님께 드리니 하나님께서 기뻐하시고 성전에 계시사 뭇 백성들의 경외함을 받으시어 많은 행복을 저들에게 주신 것입니다. 그 후 솔로몬의 성전이 파괴되니, 스룹바벨로 하여금 다시 성전을 건축하게 하셨고, 이것이 또한 파괴되매 헤롯으로 하여금 건축하게 하셨습니다. 이는 분명히 예배당이 하나님을 경외하는 유일의 장소라는 것을 알 수 있습니다.

그런고로 유대 사람들이 어디로 가든지 먼저 회당을 준비하는 것을 우리는 잘 압니다. 어떤 목사님께서 남북으로 다니면서 각 교회를 방문하고 돌아와서 보고하기를 어디로 가든지 아름답고 좋은 것은 예배당이더라고 하였습니다. 이는 하나님을 경외하는 데는 고금을 통하여 이곳이 유일의 장소임을 우리에게 알게 하는 것이라 생각합니다. 누구를 막론하고 교회당으로 가서 예배하기를 게을리하는 자는 벌써 내적 생활에 결함이 있음을 폭로하는 것입니다. 이러한 점에서 우리가 어찌 교회당으로 가는 발걸음을 게을리할 수 있습니까?

어떻게 하나님을 경외하겠습니까? 반드시 우리는 마음을 다하고 성품을 다하고 힘을 다하고 뜻을 다하여 하나님을 경외하지 아니하면 안 되겠습니다. 이것이 첫째, 찬송에 나타나야 하겠습니다.

"내 영혼이 여호와를 찬송하게(내 영혼아 여호와를 찬송하라) 여호와 나의 하나님이여 당신은 심히 크심이여 존귀와 권위를 입으셨도다"[시 104:1].

둘째, 기도에 나타나야 하겠습니다.

"여호와의 말에 귀를 기울이사 나의 심사를 통촉하소서 나의 하나님이여 나의 부르짖는 소리를 들으소서 내가 당신께 기도하나이다"[시 5:1-2].

셋째, 하나님의 말씀을 듣는 데 나타나야 하겠습니다.

"너희가 호렙 산에서 여호와 너희 하나님 앞에 섰던 날에 여호와께서 내게 이르시기를 나를 위하여 백성을 모으라 내가 저희로 내 말을 듣고 세상에 사는 동안 나를 경외하는 일을 배우고 그 자녀를 가르치게 하리라"[신 4:10].

만일 우리의 예배가 형식화되고 외식화되면 바리새인처럼 되어 도리어 우리에게 화가 미칠 것입니다. 그런고로 예배 때마다 우리의 몸으로 산 제사가 되도록 하나님께 전부를 드려 예배하는 자가 되어야 하겠습니다.

하나님을 경외하는 생활은 예배에만, 다시 말하면 찬미와 기도, 말씀 듣는 데에만 한정된 것이 결코 아니라 하나님께서 명하신 규례와 법도를 지켜 행하며 하나님을 참으로 사랑하는 것도 포함된다는 것을 잊어서는 안 됩니다. 불의의 생활을 하면서 어떻게 하나님을 경외한다고 할 수 있겠습니까? 이는 마치 부모께 효도한다고 하면서 더러운 길에서 방탕의 생활을 하는 자나 조금도 다를 바 없을 것입니다. 그런고로 하나님을 경외하려 하는 자는 행동이 아름다워 신자다운 인격자가 되어야 하겠습니다.

하나님께 봉사

내적 생활에 없어서 안 될 것은 하나님께 봉사하는 것입니다. 이것으로 비로소 하나님을 앙망하며 경외하는 것의 참뜻을 드러내기 때문입니다. 그런고로 "마음을 다하고 성품을 다하여 여호와 너희 하나님을 섬기십시오"[신 10:12]라는 말씀대로 하여야 비로소 경건한 생활을 완성하는 내적 생활이라 할 수 있는 것입니다. 다윗 왕이 아들 솔로몬에게 "내 아들 솔로몬아 너는 네 아비의 하나님을 알고 온전한 마음과 기쁜 뜻으로 섬길 것이니 대개 여호와는 모든 마음을 감찰하사 사람의 생각하는 모든 꾀를 아시나니 네가 만일 구하면 얻을 것이요 만일 버리면 저가 너를 영원히 끊어 버리리라"[대상 28:9]고 한 말씀을 참고하여도 사람에게 제일 요구되는 것은 하나님을 섬기는 것이라 할 수 있겠습니다. 우리 주님께서 여기에 대하여 강조하신 것을, 당신이 40일 40야夜를 금식하신 후 마귀가 시험하여 자기에게 엎드려 절하면 모든 것을 다 주겠다고 하는 말에 "사단아 물러가라 기록하였으되 주 너희 하나님을 경배하고 홀로 그를 섬기라 하였다"(마 4:10)고 한 말에서 알 수 있으니 이것이 우리의 내적 생활에 반드시 있어야 함을 의미한다고 믿습니다.

하나님께 봉사하려는 자에게 제일 필요한 것은 준비이니, 이것 없이는 참으로 하나님께 봉사할 수 없다고 생각합니다. 어떤 이는 신학을 공부해야 참 준비하는 것같이 생각하나 이것은 큰 오해입니다. 무엇이든 지금 우리가 준비하고 있는, 가령 의학이나 농학이나 법학 등 무엇이든 충분합니다. 하나님께 받은 천품天品을 온전히 발휘할 수 있도록 잘 준비하고 전심전력을 다하여 충실히 실행하되 하나님의 법도대로 하나님을 섬기는 마음으로 충성을 다하면 이것이 참으로 하나님께 봉사하는 것이라 생각합니다. 따라서 우리는 열심으로 준비하되, 이것을 이상理想으로 하여 완전한 준비를 해야겠습니다.

진정으로 경건한 영적 생활은 내적 생활이요, 이 생활에는 하나님을 갈망하고 경외하고 봉사함이 있어야 되겠습니다.

《기독인의 초석》(1944)

전도자

마태복음 4장 19절

전도자는 천국의 사도이니 그 의義도 매우 중하다는 것을 잊어서는 안 됨과 동시에 일거일동이 "내가 내 안에 사는 것이 그리스도요 죽는 것도 유익함이 되나니라"(갈 2:20)라고 말씀하신 바울 사도와 같이 되지 아니하여서는 안 되겠습니다.

전도자의 피선被選

성격이나 자격이 출중한 것은 좋은 것이지만 전도자의 피선은 여기에 구속받지 아니한다는 것을 예수 그리스도께서 어부 베드로, 안드레, 요한, 야고보를 택하사 전도자로 세우신 것으로 밝히 알 수 있습니다. 타락한 자기를 구원하사 유명한 전도자가 되게 하신 것이 하나님의 예정으로 된 은혜라고 아우구스티누스는 주장하였습니다.

유명한 지도자 칼뱅 선생은 시편 주석에 다음과 같이 기록하였습니다.

"나는 부친을 기쁘게 하려고 법률 연구에 몸을 던지려 하였으나 하나님은 비밀한 섭리로 말미암아 다른 길로 방향을 돌리게 하사 먼저 법황교法皇敎[1]의 미신에 고착固着하여 깊은 진흙 속에서 빠져나오기 쉽지 아니할 때 하나님께서 돌연히 회심을 시켜, 나이가 들며 완고케 된 내 마음을 가르치는 데 풍족케 하셨다."

사도 바울의 사도 됨은 "사람에게서 난 것도 아니요 사람으로 말미암아 된 것도 아니요 예수 그리스도와 및 죽은 자 가운데서 그리스도를 다시 살게 하신 하늘 아버지로 말미암은 것이라"라고 갈라디아서 1장 1절에 말씀하였습니다. 또한 갈라디아서 1장 15-16절에는 "내 어머니의 태로부터 나를 택하시고 은혜로 나를 부르신 하나님께서 기뻐하시며 그 아들을 내 마음에 나타내사 이방에 전하게 하시기로"라 하신 성경말씀에 비추어 생각하면 사람의 의견 여하에 달린 것이 아니라 순전히 하나님께서 은혜로 예정하사 택하신 것을 아우구스티누스 선생이나 칼뱅 선생들과 같이 밝히 깨닫게 됩니다. 마태복음 4장 19절에 "내가 너희를 사람을 낚는 어부가 되게 하겠다"라고 하신 말씀

1. 로마 가톨릭교회를 뜻한다.

은 분명히 주님의 특권이시니 품성으로 됨이 아니라 은혜로 되는 것이며, 불시에 택하신 것이 아니라 만세 전부터 예정하사 부르신 것임을 밝히 알 수 있습니다.

전도자의 목적

어부는 고기 잡는 것이 목적인 것같이 전도자는 사망 가운데서 신음하는 사람의 영을 구하여 주님께 인도하는 것이 유일한 목적입니다. 성경을 상고하면 구원에 대하여 세 가지 방면으로 생각할 수 있으니 과거, 현재, 미래입니다. 즉 과거에 범한 죄에서 구원을 얻고, 현재에서 구원을 이루고, 미래에서 완전한 구원을 받게 되는데, 전도자는 과거에만 관계되는 것이 아니라 현재와 미래에도 큰 관계가 있음을 잊어서는 안 됩니다. 갈라디아 교회는 사도 바울이 전도하여 설립하고 떠난 후, 유태주의자들이 비밀리에 들어와서 바울은 참사도가 아니며 그가 전한 복음도 거짓이라고 주장하여 신자들에게 큰 동요를 일으켰습니다. 고로 사도 바울은 불신자에게 전도하는 것 못지 않게 힘쓴 것을 갈라디아서를 통하여 밝히 알 수 있으며, 갈라디아서뿐 아니라 그의 저서 전부를 통하여 연구해 보면 믿는 성도들을 위하여 노력하신 것이 명명백백히 드러납니다. 그런즉 전도자의 목적에 대한 책임이 얼마나 중한지를 이루 다 말로 할 수 없습니다. 다만 불신자들을 구원의 길로 인도하는 것뿐만 아니라 완전한 구원을 성취할 때까지 활동하지 않으면 안 될 터이므로 현대에 사도 바울과 같이 자기 목적을 관철하려는 전도자가 얼마나 되는지[아니, 구원의 길로 인도하기는 고사하고 소위 전도자란 이름을 가지고 죽음의 길로 인도하는 자가 얼마나 많은가], 자신이 참복음을 갖고 참구원의 길로 인도하는 자인지 반성할 필요가 있으며, 자신에게 전도자 될 자격이 있는지 생각해야 하겠습니다.

전도자의 자격

존 헨리 조웨트[2] 씨의 저서 중 《구령편救靈編》을 읽고 감동되어 그의 학설을 소개함으로 전도자의 자격을 생각하려고 합니다.

1. 자기를 감추는 자

유명한 어부인 마아구 카이 피아스 씨는 고기 잡는 비결 세 가지가 있다고 했는데, 즉 고기를 잘 잡으려면 첫째 자기를 잘 숨길 수 있는 자, 둘째 더욱 자기를 잘 감추는 자, 셋째 좀더 더욱 자기를 잘 감추는 자라고 하였습니다. 주님께서 베드로와 안드레에게 사람 낚는 어부 되게 하시겠다고 말씀하신 뜻을 밝히 알 수 있습니다. 전도자는 어부와 꼭 같습니다. 그러므로 자기 학식이나 인격이나 지위나 자기의 위

2. J. H. Jowett, 1864-1923. 영국 출신 전도자이자 신학자.

인 된 것을 소개하면 소개할수록 구령사업은 실패로 돌아갈 것입니다. 조웨트 씨는 자기를 나타낼수록 주님은 숨겨지고 파멸을 가져온다고 힘 있게 주장하였습니다. 과연 참 좋은 전도자일수록 자기를 잘 숨기는 자입니다. 자기를 잘 감추면 감출수록 주님은 더욱더 나타납니다. 그런고로 자기를 잘 숨길 줄 아는 자가 전도자의 자격이 있다고 생각합니다. 사도 바울이 참으로 자기의 모든 것을 분토糞土와 같이 여긴다고 하신 말씀은 모두 자기 부인인 것을 알 수 있습니다. 그런고로 바울 사도와 같이 자기를 감추는 자가 되어야 하겠습니다.

2. 사람을 아는 자

조지 엘리어트 씨는 어느 날 친구가 잉어를 잡으려고 종일 수고하였으나 한 마리도 잡지 못한 것을 알고는 "친구여, 좀더 깊이 잉어의 성질을 연구하라"고 하였다고 합니다.

이와 같이 어부가 고기의 성질을 연구할 필요가 있는 것과 같이 전도자들도 사람 낚는 데 대하여 연구해야겠습니다. 모든 고기를 같은 미끼로 잡을 수 없는 것처럼 전도자도 같은 방식으로만은 결코 안 될 것입니다. 사람의 풍속, 습관, 지식 정도를 잘 알아야, 다시 말하면 사람에 대한 지식이 풍부하여야 될 줄로 생각합니다. 사도 바울이 고린도전서 9장에서 말씀하시기를 "유대 사람에게 내가 유대 사람같이 된 것은 유대 사람을 얻고자 함이요 법률 아래 있는 자에게 내가 법률 아래 있지 아니하나 법률 아래 있는 자와 같이 된 것은 법률 아래 있는 자를 얻고자 함이요 법 없는 자에게 법 없는 자와 같이 된 것은 법률 없는 자를 얻고자 함이라"(20-21절)라고 하였습니다. 우리의 아름다운 주님께서도 어부에게는 어부에게 적당한 것으로, 농부에게는 농부에게 적당한 것으로 전도하신 것을 보면 사람을 아는 지식이 있어야 되겠습니다. 현대 전도자들이 많은 비난을 받는 이유의 대부분이 사람을 아는 지식이 부족하기 때문이라고 생각합니다.

3. 즐거워하는 자

어업에 관한 책 중 어부가 취할 만한 특질을 논하여 조웨트 씨는 이렇게 말했습니다.

"어부는 음악에 대한 취미를 가져야 하는데 만일 근심, 걱정, 비애의 마음을 음악으로 경쾌하게 하지 못하면 낚싯줄[균사]을 수면에 가볍게 던질 수 없어 고기를 잘 낚을 수 없다. 다시 말하면 슬픈 마음은 자연히 낚싯줄을 무겁게 던지게 하나 즐거운 마음은 나는 것같이 경묘우미輕妙優美(경쾌하고 우아하며 아름답게)하게 수면에 던지게 하여 많은 효과를 얻을 수 있다."

이와 같이 전도자도 실망, 낙담의 마음을 일소一掃하고 기쁜 마음으로 설교하며 전도하는 것이 마땅하다고 생각합니다. 즉 전도자는 찬미의 의복을 입지 아니하면 안 될 것입니다. 제임스 고혜라는 전도자가 실망과 비애에 빠져 근심과 불만이 마음 가운데 가득 차서 입에는 노래가 없고 혀에는 힘이 없이 설교하자 아무 효과도 없었습니다. 그 후 윌리엄 로의 충고를 듣고 찬미와 기도로 마음을 경쾌하게 하여 근심이 기쁨으로 변하니 쉽게 설교할 수 있을 뿐 아니라 무엇이든 자유자재로 활동할 수 있어 많은 효과를 얻었다고 증거하였다 합니다. 옥중에서 말할 수 없는 고생을 겪은 사도 바울과 실라가 찬미와 기도로 기뻐하며 단잠을 잔 것과, 베드로 사도께서 고랑과 쇠사슬에 매여 있으면서 기쁘게 단잠을 잔 것은 참전도자들의 모범이라고 아니할 수 없습니다. 그러나 현대 전도자의 다수는 실망, 낙담, 비애에 싸여 슬픈 설교를 하여 전도하는 고로 효과가 별로 없으니 이는 자격 없는 전도자라 아니할 수 없습니다. 참전도자는 하늘에 소망을 두고 죽음에도 기뻐하는 마음을 가진 자라고 생각합니다.

사도 바울과 같이 전도자로 피택된 것이 순전히 하나님의 예정으로 된 은혜인 것을 밝히 알고, 완전한 목적을 관철하려는 결심을 가지고 전도자의 자격을 준비하여 위로는 하나님을 영화롭게 하고 아래로는 모든 사람을 참 구원의 길로 인도하여 참다운 전도자 되기를 한없이 바라는 바입니다.

《기독인의 초석》(1944)

산 소망

베드로전서 1장 3-12절

1964년을 바라보면서 '산 소망을 가지라'라는 주제로 "산 소망"이란 제목을 갖고 생각하려 합니다. 험악한 세상에서 산 소망이 없으면 살아가기 대단히 어려운 것을 알아야 합니다.

자격

산 소망이 있으려면 반드시 자격이 있어야 하리라고 생각합니다.

1. "예수 그리스도께서 죽은 자 가운데서 부활하심으로 말미암아"(3절)라는 말씀은 그리스도께서 우리의 죄를 대신해 십자가상에서 죽으심으로 인하지 않고는 안 되는 것을 말씀하시는 것이니, 이는 대속의 십자가의 피를 가리키는 것입니다. 그러나 부활이 없으면 우리와 상

관이 없습니다. 그가 부활하심으로 우리가 사는 것을 이름이니 이것이 참복음 됨을 우리는 알아야 합니다.

2. "우리를 거듭나게 하사 대접하는 자는 그를 믿는 자라 권세를 주사 하나님의 그 자녀 되게 하시느니라"[1][요 1:12]라는 말씀은 복음을 받으면 믿는다는 것을 말해 줍니다. 우리가 이 복음을 받을 때 성령으로 역사하사 거듭나게 되는 것이니, 이와 같이 출산치 않고는 하나님의 자녀가 될 수 없는 것입니다. 이는 믿음으로만 되는 것이니 이 복음, 즉 그리스도께서 죽으셨다가 부활하신 주를 받을 때 되는 것이요, 그 외에는 다른 방법이 없습니다. 이 중생重生이란 인생의 눈으로 볼 수 없습니다. 우리가 부모의 배에서만 낳음을 아나니, 중생이란 것은 생각도 할 수 없습니다. 그러나 우리의 육체가 어머니를 통하여 출생하였기 때문에 우리는 ××[2]을 하고 자라는 것입니다. 그와 같이 우리는 성신을 통하여 중생하였기 때문에 하나님의 자녀 되는 것을 알아야 합니다. 바람이 불어도 그것을 보지 못하나 부는 소리를 듣고 아는 것같이 중생한 우리도 그 모습을 보고 알 수 있습니다.

이번 양춘식 목사의 간증을 듣고 보니 그는 흉악한 인간이었다가 중생한 김익두[3] 목사 같은 사람인 것을 알았습니다. 이 복음을 받아 성령의 역사로 중생하고 하나님의 아들로 사자가 되어 각 곳으로 다

---

1. "영접하는 자 곧 그 이름을 믿는 자들에게는 하나님의 자녀가 되는 권세를 주셨으니"
2. 친필 설교 노트에 적힌 한자를 식별하기 어렵다.

니면서 부흥회를 인도한 것입니다. 바울도 살인자라 할 수 있으나 다메섹 도상에서 복음을 받아 중생하였습니다. 보십시오. 어떻게 주를 핍박하던 자가 주를 위하여 순교할 수 있겠습니까. 받았기 때문에 그것을 그대로 증거하는 것입니다. 우리는 이 참복음을 받으면, 즉 믿으면 중생하여 하나님의 자녀가 됩니다. 자녀가 되면 이 산 소망이 있음을 확실히 알게 하여 주심을 알 수 있습니다.

중생케 될 때 우리에게 있는 죄악을 없애 버려야 됩니다. 이것이 회개이니, 여러분 참으로 회개합시다. 회개란 깨끗한 마음을 갖는 것이라 할 수 있습니다. 그리하여야 복음이 우리 마음속으로 들어와서 중생의 역사가 일어나는 것임을 알아야 합니다.

구주의 십자가 보혈로 죄 씻음 받기를 원하네
내 죄를 씻으신 주 이름 찬송합시다
찬송합시다 찬송합시다
내 죄를 씻으신 주 이름 찬송합시다

죄악을 속하여 주신 주 내 속에 들어와 계시네

---

3. 김익두(1874-1950) 목사는 한국 개신교 초창기 장로교 부흥사다. 청년 시절 방탕한 세월을 보내다 윌리엄 스왈른William Swallen(1859-1954) 선교사의 설교를 듣고 회심했으며, 1910년 목사 안수를 받았다. 그는 수많은 기적을 일으켰으며 그의 기적 이야기는 1921년 《조선 예수교회 이적명증》이라는 제목으로 출간되었다.

십자가 앞에서 성호를 찬송합시다
찬송합시다 찬송합시다
내 죄를 씻으신 주 이름 찬송합시다

주 앞에 흐르는 생명수 날 씻어 정하게 하시네
내 기쁜 정성을 다하여 찬송합시다
찬송합시다 찬송합시다
내 죄를 씻으신 주 이름 찬송합시다

내 주께 회개한 양심은 생명수 가운데 젖었네
흠없고 순전한 성호를 찬송합시다
찬송합시다 찬송합시다
내 죄를 씻으신 주 이름 찬송합시다

– 〈구주의 십자가 보혈로〉

나는 이 찬송이 참회개로 오는 중생의 도리를 말씀하는 것이라 생각합니다. 주님이 내 속에 들어와 계심은 복음이 내 속에 들어옴과 꼭 같은 것입니다. 여기서 중생의 역사가 임하는 것입니다. 산 소망[lively hope]의 자격이 있음을 알아야 합니다.

산 소망은 무엇이냐?

"썩지 않고 더럽지 않고 쇠하지 아니하는 기업을 잇게 하시나니 곧 너희를 위하여 하늘에 간직하신 것이라"라고 4절에 말씀하셨습니다.

1. 우리를 위하여 하늘에 간직하였으니 이것이 왜, 무엇이 기업인가 보면 이것은 첫째, 썩지 않습니다. 세상에서 부모들이 주는 기업은 썩어져 없어집니다. 여러분, 무덤을 파보십시오. 얼마나 더럽습니까? 둘째, 더럽지 않습니다. 세상 것은 전부 더럽습니다. 더러워 냄새가 납니다. 그리고 셋째, 쇠하지 아니하는 것입니다. 얼마나 귀합니까? 영원히 변하지 아니하는 기업이니 이것이 무엇입니까? 로마서 8장 17절에 "자녀이면 또한 후사後嗣이니 곧 하나님의 후사요 그리스도와 함께한 후사이니 우리가 그와 함께 영광을 받기 위하여 고난도 함께 받아야 될 것이니라" 하였습니다.

2. 다윗 왕의 후사는 솔로몬입니다. 솔로몬은 부귀공명을 누렸습니다. 그러나 그의 후사인 아들 르호보암은 지위와 모든 것을 빼앗겼습니다. 세상 것은 오래가지 못하여 솔로몬 때부터 썩기 시작하여 그 아들에 와서는 후사는 후사이나 더러워졌습니다. 그래서 내려오면서 쇠하여져 앗수르와 바벨론에 잡혀 가서 그 나라는 망하고 말았습니다. 보십시오. 이것이 세상에서 받은 기업이요, 세상 유명한 사람의 후사들입니다. 그리하여 세상 것은 3대를 가기 어렵다고 합니다. 이기붕을 보십시오. 그는 믿는 자입니다. 그의 아들은 이승만 씨의 양

자로 후사되었습니다. 그런데 그의 재산은 다 어떻게 되었습니까. 썩어졌고 더러워졌고 쇠하였습니다. 이것이 세상입니다. 그러므로 우리는 이것을 다 버리고 영원히 썩지 않고 더러워지지 않고 쇠하지 아니하는 하나님의 자녀로, 즉 후사로, 그것만이 영원한 기업임을 알아야 합니다. 이것이 우리의 산 소망인 것을 아니 얼마나 감사합니까. 한층 더 나아가 우리는 그리스도와 같은 후사이니 그와 함께 영광을 받을 것입니다.

기쁜 일이 있어 천당 종 치네 먼 데 죄인 돌아왔도다
부친께서 길에 마중 나가서 잃은 자식 도로 찾았네
영광 영광 주께 돌리세 하늘 비파 소리 울리네
파도 소리 같은 찬미 소리를 천지진동하여 부르네

기쁜 일이 있어 천당 종 치네 회개한 자 화목하도다
죄의 종 된 자를 놓아 주시니 거듭나고 죄를 이겼네
영광 영광 주께 돌리세 하늘 비파 소리 울리네
파도 소리 같은 찬미 소리를 천지진동하여 부르네

천당 종을 치고 잔치 베푸네 놓인 죄인 참여하도다
오늘 귀한 영혼 거듭났으니 기쁜 소식 전파했도다

영광 영광 주께 돌리세 하늘 비파 소리 울리네

파도 소리 같은 찬미 소리를 천지진동하여 부르네

– 〈기쁜 일이 있어 천당 종 치네〉

산 소망, 고난

산 소망의 사람은 고난도 함께 받아야 한다고 로마서에 말씀하셨습니다. "영광받기 위하여 고난도 함께 받아야 된다"(롬 8:17)고 분명히 말씀하셨으니 산 소망을 가진 자는 고난을 면할 수 없습니다. 본문에도 "여러 가지 시험을 인하여 잠깐 근심하게 되지 않을 수 없었으나 오히려 크게 기뻐하도다 너희 믿음의 시련이 불로 연단하여도 없어질 금보다 더 귀하여 그리스도의 나타나실 때에 칭찬과 영광과 존귀를 얻게 하려 함이라"(6-7절)라고 하였습니다. 그런즉 고난도 우리에게 있게 마련이니 이는 그리스도께서 고난을 받으시사 영광을 받았으니 우리도 주와 같이 될 것을 반드시 알아야 합니다.

그런고로 고난보다 더 귀한 것은 세상에 없습니다. 이는 금보다 더 귀한 그릇 되게 함이니 내 사랑하는 자식, 아내, 친구, 동네 사람들의 고통과 핍박 모두가 얼마나 귀한지, 다시없는 축복 중 축복인 것을 알고 우리는 각오를 다지며 1964년을 맞아 나아가야 하겠습니다.

그러나 우리가 죄가 있어 고난을 받으면 이는 우리의 죗값입니다. 이제 1964년을 맞기 전에 다 우리의 죄악을 회개합시다. 그리하여 주와 같은 마음으로 이 민족 3,000만을 위하여 기도하고, 복음을 전하며, 열심으로 주께 봉사하는 가운데 세상에서 고난을 받아야 합니다. 이는 꿀보다 더 달고 답니다. 우리는 명년明年에 이 산 소망을 갖고 찬송하면서 걸어갑시다.

고생과 수고가 지나간 후 광명한 천당에 편히 쉴 때
인애한 주 모시고 사는 것 영원이며 영광되리로다
영광일세 영광일세 내가 누릴 영광일세
은혜로 주 낯을 뵈옵는 것 참 아름다운 영광이로다

주께서 한없는 은혜로써 천당에 거할 고비에 이를 때
거기서 주 낯을 뵈옵는 것 영원이 내 영광 되리로다
영광일세 영광일세 내가 누릴 영광일세
은혜로 주 낯을 뵈옵는 것 참 아름다운 영광이로다

앞서간 친구를 만나볼 때 기쁨이 내 맘에 차려니와
주께서 자비히 날 보시면 영원이 내 영광 되리로다
영광일세 영광일세 내가 누릴 영광일세

은혜로 주 낯을 뵈옵는 것 참 아름다운 영광이로다

–〈고생과 수고가 지나간 후〉

소망에는 고생이 따르는 것을 반드시 알아야 합니다. 그리하여 데살로니가 교회를 모범적 교회로 참고하여 반드시 소망은 시험과 고난이 따른다는 것을 알아야 합니다. 그런즉 우리가 맞는 고난은 산 소망을 가진 자들의 참기쁨인 것을 밝히 알아 기뻐하고 즐거워하면서 산 소망 중에서 살아갑시다.

친필 설교 노트(1963. 12. 29.)

4. 성경강해와 강의

회개의 밤

성경의 빛 아래에서 본 내 죄와, 부족한 점과, 실패와, 더러운 것을 기록합시다. 먼저 하나님의 '눈' 으로 본 인생의 마음과 거기서부터 나오는 죄를 살펴보십시오.

갈라디아서 5장 19-21절; 디모데후서 3장 2-5절; 디도서 1장 16절, 3장 2-7절; 마가복음 7장 20-23절; 아모스 3장 2-8절; 로마서 1장 19-32절, 20장 42-44절; 고린도후서 7장 1절; 잠언 6장 16-19절

그리고 나의 '죄'를 구분하여 똑똑히 기록하여 봅시다.

1. 하나님보다 더 사랑하거나 요구하는 것이 무엇입니까?

(1) 자기를 사랑하며[딤후 3:1-4]

(2) 돈을 사랑하며

(3) 쾌락을 사랑하기를 하나님을 사랑하는 것보다 더함

2. 하나님께 관한 죄

– 자신 속에서

(1) 원망[고전 10:10; 민 21:4-9]

(2) 고집[삼상 15:23]

(3) 그의 뜻을 반대함

– 자신 밖에서

(1) 우상숭배

(2) 상습적 또는 거짓으로 서약 단언

(3) 성명으로 저주

(4) 망령된 말로 하나님을 업신여김

(5) 하나님 말씀을 곡해함

(6) 환난의 때, 기쁠 때, 슬플 때, 행복할 때, 병에 걸렸을 때 하나님을 찬송하지 않는 죄

(7) 자기의 경건, 지혜, 그 밖의 것으로 평판, 명성, 명예를 얻

으려는 죄

(8) 내게 관한 모든 것을 감사치 않은 것

(9) 어명을 모독하거나 거짓으로 사용하는 죄

(10) 모든 허영과 영적 자부의 죄가 다 여기 속함

3. 자기에게 관한 죄[딤후 3:1-5; 마 15:19-20; 막 7:21-23]

(1) 속에서, 곧 사람의 마음속에서 나와 나를 더럽게 하는 죄: 악한 생각, 음란, 도적질, 살인, 간음, 탐욕, 악독, 속임, 음탕과 흘기는 눈, 훼방, 교만, 자금, 자고, 광패狂悖, 부모 거역, 감사치 않음, 무정, 원통함을 풀지 않음, 참소함, 절제하지 못함, 사나우며 선한 것을 좋아하지 않음, 다른 이를 배반하여 팔며 조급하고 쾌락을 사랑함

(2) 밖으로 하나님이 미워하시는 것, 곧 그 마음에 싫어하시는 것이 예닐곱 가지니, 곧 교만한 '눈', 거짓된 '혀', 무죄한 자의 피를 흘리게 하는 '손', 악한 계교를 꾀하는 '마음', 악으로 빨리 달리는 '발', 거짓을 말하는 망령된 '증인'과 형제 사이를 이간하는 죄

4. 세상에 대한 죄

(1) 때 묻은 죄: 유행, 습관, 버릇

(2) 오락: 방탕, 술 취함, 음란, 호색, 극장, 당구, 골프, 바둑, 장구, 화투, 가정취미

(3) 모양내는 죄와 사치: 머리를 꾸미고, 금을 차고, 아름다운 옷 입는 것[외모로 하는 것을 말함]

5. 이웃을 향하여 짓는 죄

(1) 이웃 사랑하기를 내 몸과 같이 아니함[막 12:31; 요 15:13]

(2) 원망

(3) 평론, 비판, 비방

(4) 참지 못함

(5) 속임

(6) 약속을 안 지킴

(7) 비밀을 전함

(8) 용서하지 않은 죄

(9) 실수한 자를 사랑하는 마음으로 권면하지 않은 죄

6. 과거나 현재에

(1) 집안 식구들에게 지은 죄[부모가 자식에게, 자식이 부모에게, 아내가 남편에게, 남편이 아내에게, 종이 상전에게, 상전이 종에게]

(2) 교인에게 지은 죄

(3) 친구에게 지은 죄

7. 위에서 언급하지 않은 죄와 실패失敗를 고칠 것

8. 예수님의 '증인'으로서 개인 전도하지 않음과 봉사할 기회를 놓치는 죄

이상의 죄를 생각하면서 나 때문에 우리 주님께서 어떠한 '해害'를 입으셨고 고생을 하셨는지 하나님 말씀을 찾아보십시오.

마태복음 26장 37-49절, 42-67절, 27장 26-31절, 34-46절; 이사야 53장 3-6절; 스가랴 12장 10절

그리고 회개합시다.

주의사항

1. 설교나 토론이나 권면하지 않고 정직한 마음으로 성경과 우리의 행실을 비교하여 하나님 말씀에 순종하자는 것뿐입니다.

2. 덮어놓고 '나는 죄인이로소이다'라는 말씀을 그대로 다 들으시는 하나님이 아니시고, 뭇 사람의 중심을 아시고 살피시는 주님께서 무슨 죄를 범했느냐고 물어보시는 하나님 우리 아버지이신 것을 깨달읍시다. 그리고 연필을 들고 종이에다 '나는 이전 죄인입니다'라고

기록하여 봅시다. 그러다가 옛날 이사야 선지자같이 '화로다 나는 망할 수밖에 없는 죄인'(사 6:5)임을 깨닫기 원하오며, 죄 많은 세리같이 자기를 발견한 후 감히 하나님을 우러러 바라보지 못하고 가슴을 치듯 우리도 그렇게 합시다. 그리고 전에 희미하던 죄를 똑바로 보며 전에 몰라보던 죄를 이제는 처음 깨닫게 되어 아버지께로 나아가 회개하고 용서와 씻음을 받읍시다.

3. 그리고 하나님께만 자복하는 것으로는 부족한 줄 아시고 이웃 형제들과 감추어 두었던 오해와 시기와 그 외 죄 범한 것이 발견되거든 해를 당한 이를 찾아보고 자백하여 고칠 것을 고쳐 사과받도록 합시다. 이 순종과 겸손으로 내 식구와 내 동리도 아름다운 생활을 하게 하고 새 동리로 변화시켜 봅시다.

로마서 1장 28-32절 사형에 해당한 죄

방법

성경의 빛 아래에서 본 자신의 죄와 부족한 점과 실패와 더러운 것을 기록합시다.

1. 하나님의 '눈'으로 본 인생의 마음과 거기서부터 나오는 죄의 모든 것은 성경의 빛 아래에서 찾아야 합니다.

갈라디아서 5장 19-21절; 디모데후서 3장 2-5절; 디도서 1장 16절, 3장

2-7절; 마가복음 7장 20-23절; 야고보서 3장 2-8절; 로마서 1장 19-32절; 예레미야 17장 9절; 창세기 6장 5-6절; 마태복음 23장 25-28절; 에스겔 16장 30-47절, 51-52절, 20장 42-44절; 고린도후서 7장 1절; 잠언 6장 16-19절

2. 그리고 자신의 죄를 구분하여 똑똑히 기록하며 회개합시다. 하나님보다 더 사랑하거나 더 요구하는 것이 무엇입니까?

(1) 자기를 사랑하며[딤후 3:2]

(2) 돈을 사랑하며[딤전 6:7-21]

(3) 쾌락을 사랑하기를 하나님 사랑하는 것보다 더함[딤후 3:4], 방탕과 술 취함, 음란, 호색, 안일, 평안, 영화구경, 골프, 당구

친필 노트(1965. 8. 19.)

갈라디아서 주해[1]

구절의 의해義解

17절: 어떤 이들은 그리스도를 받음에 불관不關하고(관계없이) 죄에 빠집니다. 그러하다고 하여 율법의 인도를 구하려고 합니까? 그렇다고 하면 그리스도, 즉 복음이 죄의 원인이 될 수 있습니까? 우리가 어떻게 결론을 내리든지 불합리한 것을 말함입니다.

18절: 누구나 인도함을 받기 위하여 율법으로 다시 돌아가서 율법을 한편에 두고 그리스도를 의지하면 이것은 참범죄자입니다.

19절: 나는 율법으로 말미암아 내 죄를 앎에 인도되고 그리스도를

1. 김치선의 《갈라디아서 주해》 가운데 핵심 요절인 2장 20절 전후를 발췌하여 실었다.

신뢰하게 됩니다. 이로써 내가 하나님 안에서 살고 그로 말미암아 죄로부터 구원함을 받습니다. 그리하여 율법도 마치었으니 나는 죽은 까닭입니다.

20절: 그리스도의 십자가의 능력을 통하여 나의 옛 생명은 죽고 참의미에서, 전보다 더 참된 의미에서 살았습니다. 그리하여 이것은 내가 사는 것이 아니라 그리스도께서 내 안에 사시는 것입니다. 내가 조금이라도 산다고 하면 이는 내가 그리스도를 믿음으로 사는 것이니, 그는 나의 생명의 원천이고 보존자이십니다. 이 생명은 새로운 의의 내주적內住的 협력입니다.

21절: 나는 하나님의 은혜를 헛되이 하지 아니하나니, 만일 율법으로 말미암아 의를 얻게 된다면 그리스도께서 우리의 구원을 위하여 죽으실 필요가 없는 것입니다.

어구語句의 해석

17절 "의를 얻으려 하다가": 만약 의를 얻는 것이 그리스도로 말미암아 귀한 것임을 알았으면 율법의 일을 행함으로 되지 아니하는 것 또한 밝히 알 것입니다. 그런데 유대인들은 이방 사람들과 같이 죄를 범하며 또 죄악 중에 스스로 빠져 그리스도가 죄를 짓게 하는 자같이 생각하기 쉬우나 결코 그렇지 아니하니, 실상은 우리가 그리스도를 배반하고 육신의 영광을 좇음으로 스스로 죄를 범하게 되는 것입니다.

18절 "헐었던 것을 다시 세우면": 이왕에 좇던 유대의 의식은 그리스도를 믿은 후 버렸지만 이제 와서 그리스도를 내어 버리고 다시 율법의 불의함을 좇아 스스로 죄인 되고자 함을 말함입니다.

19절 "율법으로 말미암아 율법을 향하여 죽었나니": 그리스도께서 죄인을 위하여 십자가에 못박혀 죽으시기 전까지 율법에 순종하였고, 또한 율법의 저주를 받으신 고로 율법 아래에 있는 죄인을 놓아주신 것입니다. 그리하여 바울이 그리스도를 믿음으로 죄 사함을 받아 병합하여 하나된 것과, 또 율법 아래에서 놓임을 얻은 고로 곧 율법에서 벗어나 율법과 상관이 없기 때문에 율법에 대하여 죽은 것입니다. 또한 그리스도께서 죽음 가운데서 다시 살아났으므로 하나님의 영광을 나타내신 것같이 바울이 죽을 죄악 가운데서 벗어나 그리스도와 더불어 연합한 것이니 그는 살았습니다[갈 3:13; 롬 7:4].

20절 "그리스도와 함께 십자가에 못박혔나니": 그러므로 내가 산 것이 아닙니다. 그리스도께서 내 안에 사신 것입니다. 6장 15절에는 새로 지으신 자라 하였습니다. 그리고 고린도후서 5장 17절에는 "그런즉 누구든지 그리스도 안에 있은즉 새로 지은 것이니 이전 것은 지나가고 새것이 되었도다" 하였습니다. 바울 자신도 그리스도와 같이 십자가에 못박힌 것인데, 그리스도와 같이 죽고 그리스도께서 죽은 자 가운데서 다시 사셨으니 믿음으로 그리스도의 생명을 받아서 그는 새로 지음 받은 것입니다. 로마서 6장 8절에 "만일 우리가 그리스도와 함께 죽으면 그와 같이 살 줄을 믿노니라" 하였습니다. 11절에는 "죄에 대하여는 죽은 것이라" 하였고, 갈라디아서 6장 14절에는 "그리스도로 말미암아 세상이 나를 향하여 십자가에 못박히고", 골로새서 2장 20절에는 "그리스도와 함께 죽었으니"라 하셨습니다. 죄의 '나'는 죽고 이제 바울의 삶은 그리스도의 생명을 받은 삶이니 "내게 사는 것이 그리스도라"고 빌립보서 1장 21절에 밝히 말씀하였습니다. 그러면 이 말씀은 생명의 그리스도요, 그리스도께서 생명 되심을 이름이니, 그리스도를 받은 것, 즉 그리스도의 생명을 받은 것과 같은 것임을 알 수 있습니다. 이는 순전히 믿음으로만 되는 것이니 이것은 받은 것이기 때문입니다[요 1:12]. 그런즉 내가 육체 가운데서 사는 것이 하나님 아들을 믿음으로 사는 것이니 그는 나를 사랑하사 나를 위하여 몸을 버리신 자입니다. 로마서 8장 10절에 "그리스도가 너희 안에 계시면 몸은 죄를 인하여 죽고 신神은 의를 인하여 살리라" 하였습니다.

21절 "하나님의 은혜를 피하지 아니하노니": 사도 바울이 율법을 의지하지 아니하고 다만 그리스도를 믿음으로만 의롭다 함을 아는 고로 그리스도 안에서 하나님 은혜를 잊지 아니하니, 이는 자신의 수고로나 무엇으로도 구원을 얻을 수 없는 것을 밝히 아는 바입니다. 만일 율법을 의지하여 의롭다 함을 받을 것 같으면 그리스도께서 죽은 것이 아무 가치 없고 다만 헛된 것일 뿐입니다. 그러므로 그리스도께서 십자가상에 죽으심은 분명히 인생이 할 수 없는 것을 나타내심이니, 이는 은혜만으로 해석할 수 있는 것입니다.

이상을 결론적으로 생각하면 (1) 바울은 사도들에게서 자기의 사도직을 받은 것이 아닙니다. 주님의 묵시로 직접 사도의 직분을 받았고, (2) 회개 후 3년 만에 예루살렘에 올라가서 15일간 머물렀고, (3) 동등의 자격으로서 야고보만이 교제함을 받고, (4) 그 14년 후 예루살렘에 다시 올라갔다가 기둥으로 쓰시는 사도 세 분을 만나 자기가 전하는 복음이 저들이 전하는 것과 같음을 인정받았습니다. (5) 베드로가 안디옥을 방문하였고, (6) 게바가 복음에 위반되는 일을 행함으로 책망한 것을 볼 수 있으니, 자기가 이미 아는 사실임에도 이방 사람으로 더불어 음식을 먹는 것을 꺼려 피한 까닭입니다. 그러므로 할례받으나 안 받으나 관계없고 다만 그리스도를 믿음으로만 구원을 얻고 의롭다 함을 받는 것을 강조하였으니, 그리스도교의 참진리를 오늘 우리에게까지 알게 하심을 알 수 있습니다.

《갈라디아서 주해》(1956)

《구약사기》 총론

《구약사기》는 구약성경을 역사적으로 진술하려는 데 중점을 둔 것입니다. 그러므로 이외의 것은 본서에서 취급하지 아니할 것입니다. 만일 구약성경의 사실이 정확 무오한 하나님의 계시의 말씀이 아니라면 거짓된 것을 의미하는 것이니, 우리가 생각하는 구약사도 참이 될 수 없습니다. 그러므로 우리는 구약성경에 대한 관념을 가짐에 그 진부眞否를 단정할 수 있는 것입니다. 이 점에서 졸자拙者는 구약성경은 정확 무오한 하나님의 계시의 말씀이라 믿습니다. 모세오경의 역사적 사실 여하에 따라 성경 전부의 진부를 결정하게 됩니다. 독일의 자유주의자들은 모세가 오경을 쓸 수 없었다고 합니다. 그 이유는 모세 때는 문자가 없었기 때문입니다. 그러므로 주전 100년경 어떤 사람이 수천 수만 년의 문서를 갖고 오경을 편집한 것이라 하여 역사적 사실임을 부인합니다. 그러면 우리가 연구하는 구약사도 전설, 고담, 소설 등을 참고하여 사람의 생각대로 하는 것이어서 이 역시 아무 소용없는 우스운 장난에 지날 바 아닌 것이니, 이에 역사적인 관계성이 없을 것입니다. 그러므로 구·신약 전부의 권위는커녕 여러 우스운 이야기책에 지나지 않을 것입니다.

어떤 신학교 선생이 구약서를 인용할 때 "이스라엘 민족의 전설에 의하면"이라 하였다 하니, 그는 신약의 권위까지 시인하지 않은 것입니다. 그렇다면 그는 자기중심으로 생활할 뿐이요, 그 외에는 아무것도 없을 것입니다. 보십시오. 성경의 사실을 부인하고 자기를 중심으로 하나의 신학을 수립한다면 자기의 신학입니다. 만일 그가 성경을 인용하여 사실처럼 말하면 그것이야말로 허위입니다. 그러므로 속히 허위의 자리를 떠나 자유롭게 사십시오.

성경의 사실이 신의 계시임을 부인하면 신의 존재를 부인하는 것입니다. 만일 신의 존재를 부인하는 사람이 강단에서 "하나님이 가로되"라고 자기 입으로 하면 그는 거짓의 사람입니다. 그 사람이 어찌 맑은 양심으로 사는 사람이라 할 수 있겠습니까? 우리는 하루를 살아도 진실되게 살아야 할 것입니다. 하루 세 끼의 밥을 얻어먹으려고 사실이 아닌 것을 알면서 사실처럼 말을 하니 그 사람은 무슨 사람입니까? 거지만도 못합니다. 거지가 먹고사는 데 차라리 더 양심적일 것입니다.

차라리 미신적이요, 광인이란 말을 들어도 스스로 확호불변確乎不變의 신념으로 사는 그 사람이 한없이 부럽습니다. 그는 세상이 무어라 하든 자기만은 사실로 여기니 그야말로 행복자가 아니겠습니까? 그리고 그것이 자기에게도 가장 양심적이 아니겠습니까? 100만 성도 아닌 3,000만뿐만 아니라 세계가 다 그를 향하여 미신자요, 일종의 광인이라 하여도 —그는 감히 하나님 앞에 서지 못할 죄인이요 하나님과 주님을 섭섭히 한 죄인으로 무슨 말도 하지 못할 만한 자라도—, 만일 그에게 입장을 밝히라면 그는 담대히 구·신약 전부는 정확 무오한 하나님의 계시의 말씀이며 털끝만치도 의심할 것 없고 그저 사실 그대로 믿고 알 것뿐이라고 대답할 것입니다.

성경 전부를 파괴하는 분들이라도 모세의 역사적 존재는 부인치 못할 것입니다. 모세는 애굽 바로의 공주 아들로 40년간 있었습니다. 그는 거기서 많은 학문을 배웠다고 성경은 말씀하고 있습니다. 옳습니다. 이것이 거짓이라 합시다. 그러나 모세 때 문자가 있었다는 것만 알게 되면 이것이 사실임을 성경 전부를 파괴하는 분들도 시인할 것입니다. 그런데 이와 같이 주장하는 이들의 말을 반대할 것이 아무것도 없었습니다. 그러나 얼마 전에 안디옥 부근에서 라스 샤므라 Ras Shamra[1] 비석을 발굴하여 조사해 본즉, 8개국 말로 기록되어 있는데 상형문자와 설형문자뿐 아니라 스물일곱 자모음으로 된 문자가 있음이 발견되었습니다. 일반적으로 이것이 모세시대에 벌써 있었다고 누구나 생각합니다. 모세는 바로의 공주의 아들로 궁궐 안에서 세상 모든 문학을 통달하였고, 하나님의 산 호렙 산에서 가시덤불에 불이 붙는데 타지 아니하는 것을 보았으며, 광야 40년 생활에서 40일씩 두 번이나 금식하였습니다. 그런 그가 모세오경을 기록할 수 없었다면 그 말은 도리어 믿을 수 없을는지 몰라도 어떤 신학교 선생이 전통적으로 내려오는 그것을 지금 와서 부인하고 모세뿐 아니라 성경 전부를 부인한다는 것은 그 의도가 무엇인지 알 수 없습니다.

최후의 문제는 아브라함이 역사적 인물인가입니다. 만일 그가 역사적 인물이면 묵시가 아니라도 천지창조에 대한 구전의 말씀으로도 넉넉하였다고 봅니다. 지금 고고학 연구의 결과로 밝혀진, 아브라함이 다니던 곳의 지리를 사진으로 보면서 이 글을 쓰고 있습니다. 그가 살던 때 벽돌집이 있었고, 이 벽돌집은 2층으로 되었고, 넓은 길이 있고, 궁궐도 있었고, 학교, 상점, 가옥 그리고 많은 문헌들이 수만의 서판 가운데서 발견되었으니 오늘 이것을 부인할 사람은 없습니다. 이것은 울리[2]란 학자가 아브라함이 살던 갈대아 우르라는 곳에 가서 발묘拔錨한 결과를 자기 저서에 발표한 내용입니다. 이 역사적 사실

1. 시리아 해변에 위치한 고대 국가 우가리트Ugarit의 유적지다. 1929년 이후 발굴되기 시작했다. 기원전 14세기 이전의 바알을 비롯한 가나안 종교에 대한 귀한 자료를 담고 있다.
2. Charles Leonard Woolley, 1880-1960. 영국의 고고학자로 수메르의 도시 국가였던 우르의 발굴로 유명해졌다. 이 발굴에서 수메르 문명을 뚜렷하게 밝혀냈다.

에 근거하여 우리는 모세가 자기의 조상 아브라함에게, 자기 선조로부터 전해 들은 것을 문자로 옮겨 놓았다고 할 수 있습니다. 보십시오. 40년 동안 바로의 공주 아들로 살며 공부하다가 하루는 애굽 사람이 자기 동포 히브리 사람과 싸울 때 애굽 사람을 죽여 파묻고 미디안으로 도망갔으니 이것은 무엇을 증명하는 것입니까? 나일강 갈대밭에서 발견된 모세는 그 누이 미리암의 소개로 친모의 젖을 먹고 살았습니다. 그가 젖을 떼고 궁중에 들어가서 살게 될 때까지 모세의 어머니는 조상으로부터 받은 그 민족에 대한 사실을 모세에게 알게 해주었습니다. 그가 들은 것들은 그의 공부와 삶에서 없어지기는커녕 오히려 더 강하게 되어 결국 그와 같은 일(히브리 사람을 위해 애굽 사람을 죽인 일)을 하였으니, 이 한 가지 사실만 보아도 우리는 조금도 의심할 수 없는 것입니다.

위에서 본 대로 그는 40일 40야(夜)를 두 번이나 금식하면서 친히 하나님과 교제하여 가르침을 받아 계명을 돌비에 쓴 위대한 사람이니 우리는 조금도 의심치 않습니다. 도리어 다른 사람이 썼다면 의심할 수 있을지 알 수 없으나 모세가 오경을 썼다는 것은 조금도 의심할 바 아닙니다.

졸자의 학위 논문 "오경의 모세 저작권 연구"에서 밝혔듯이 모세 오경의 말씀을 여호수아부터 묵시(요한계시록)까지 인용한 문구를 찾아본즉, 총합 3,839구였습니다. 요한2서와 요한3서에만 없었습니다.

요한2서는 13절뿐이요, 요한3서는 15절뿐입니다. 그 외에는 1회부터 356회까지 인용된 책이 있음을 볼 수 있는데, 평균 매 장에 3차례 인용한 구절이 있음을 볼 때 모세오경은 성경의 기초인 것을 알 수 있습니다. 그러므로 오경의 저자가 모세이면 모든 문제는 다 해결될 것을 아는 바입니다.

어떤 이가 말하기를 오경 중에 저자 모세가 죽은 사실이 기록되었으니 이것도 모세가 기록한 것일까 합니다. 생각건대 이것을 후세 사람이 기록했다 해도 모세의 오경이 모세가 썼다고 함에 거리낌이 없다고 생각합니다. 우리나라 이이 선생은 임진란 시작하기 10년 전에 전쟁이 일어날 것을 알고 왕께 왜란이 일어날 터이니 준비하기를 진언하였다 합니다. 그리고 어떤 이의 부친이 죽기 전 자기가 아무 날 아무 시에 죽을 것을 알게 하고 모든 준비를 하였는데, 그가 말하던 그날 그 시에 세상을 떠났다고 그의 아들 되는 이에게 얼마 전에 들었습니다. 그러면 모세의 오경을 쓸 수 있는 이가 40일을 두 번이나 금식하면서 하나님과 사귀었는데, 그런 그가 죽을 날을 알아 기록하였다고 하여도 거짓이라고 못할 것입니다.

이상에서 바로 해석되는지 알 수 없으나 졸자는 위의 사실로도 조금도 의심치 않고 모세오경의 저자를 모세로 믿는 동시에 성경 전부를 하나님의 계시의 말씀으로 받아 정확 무오한 하나님의 말씀이라 믿는 것입니다. 그러므로 이 위대한 사실의 말씀을 근거로 한 이 책

역시 역사적 사실인 것을 다시 부언할 필요가 없습니다. 다만 졸자는 이에 대한 지식이 부족하여 실수하는 것을 자인할 뿐입니다.

주의할 점은 성경의 목적은 연대적으로 역사적 사실을 열거하려는 것이 아니요, 다만 하나님을 세계 만방에 알게 하고 구원의 진리를 소개하려는 책인 고로 연대적으로 자세히 소개할 수 없는 것을 누구나 이해하길 바라는 바입니다. 다음에 세기적으로 칠분七分하여 구·신약을 역사적으로 추론하나니, 즉 (1) 무죄 세기 (2) 양심 세기 (3) 인생 정치의 세기 (4) 약속의 세기 (5) 율법의 세기 (6) 은혜 세기 (7) 천년왕국 세기로 구분하여 생각합니다. 그러나 졸자는 본서가 구약사적인 것이니 어떤 분의 구분과 같이 5분하여 다음과 같이 나누어 생각하려 합니다.

원시시대

"하나님이 천지를 창조하시다"(창 1:1)란 말씀으로 비롯하여 아브라함을 부르실 때까지의 기간을 이름이니, 천지창조와 인류의 창조 및 타락과 인류의 번식 및 죄악과 노아의 홍수와 인류의 산재散在까지의 역사를 말합니다.

족장시대

아브라함이 갈대아 우르를 떠나 애굽에 그 자손이 들어가서 살다가 나올 때까지의 역사적 사실을 족장시대라고 합니다. 죄로 말미암아 죽을 수밖에 없는 인류를 구원하기 위하여 세계를 구원할 구주를 보내려고 아브라함을 택하여 그의 자손으로 하여금 애굽에 번식케 하였으며, 한 나라를 이루게 할 때까지의 일을 역사적으로 연구하려는 것입니다. 그런즉 창세기 12장부터 출애굽기 13장까지의 사실을 연구하는 것이 이 시대의 역사를 아는 것이 될 것입니다.

이스라엘 민국시대

출애굽으로부터 사울 왕 즉위 시까지의 역사를 민국시대라 하니, 출애굽기 14장부터 레위기, 민수기, 신명기, 여호수아, 사사기, 룻기, 사무엘상 7장까지의 사실을 연구함입니다. 애굽에서 나온 이스라엘 민족은 국민으로서 정치적 법전을 갖게 됨에 이르고 가나안에 들어가서 나라를 이루게 됩니다. 이 시대에는 광야 생활에서 농민 생활로 변하였고, 독립 국민으로서 하나님의 대표자인 사사 15인으로 통치되던 시대이니, 이 시대를 역사적으로 고찰함으로 하나님께서 참군주 되심을 배우지 않으면 안 될 것입니다.

국왕시대

사울 왕이 처음 이스라엘의 왕이 될 때부터 그 민족이 바벨론에 잡혀 갈 때까지 선민 된 자들은 왕으로 말미암아 다스림을 받았습니다.

제1은 통일왕조시대라 할 수 있고, 다음은 이스라엘과 유대로 분국分國된 것이니 남북양조시대라 할 수 있습니다.

그런즉 사울, 다윗, 솔로몬, 세 왕은 전前 시대에 속하고, 솔로몬 왕 후에는 양국으로 분립된 후後 시대에 속하는데 이것은 이스라엘이 앗수르에 잡혀 갈 때까지요, 제3은 이스라엘이 잡혀 갈 때부터 유대가 바벨론에 포로 될 때까지인 것을 알 수 있습니다.

그런데 이 기간에 참고할 것은 사무엘상 8장부터 사무엘하, 열왕기상·하, 역대상·하에 기록된 것이며, 이 시대에 속한 성경은 시편, 잠언, 전도서, 아가, 이사야, 예레미야, 예레미야애가, 호세아, 요엘, 아모스, 오바댜, 요나, 미가, 나훔, 하박국, 스바냐 등 선지서들입니다.

무정부시대

바벨론 포로로부터 그리스도께서 강생降生하실 때까지의 역사입니다. 이것을 3분 할 수 있으니 (1) 포로시대 (2) 귀국시대 (3) 중간시대로 나누어 역사적으로 고찰하려고 합니다. 연구의 근거는 에스라, 느헤미야, 에스더 등입니다. 그러나 예언서를 통하여 연구할 수 있으니 에스겔, 다니엘, 학개, 스가랴, 말라기 등입니다.

이상의 여러 성경을 통하여 포로의 상태와 귀국과 귀국 후의 형편을 역사적으로 연구할 수 있고, 그 외에 다른 나라들의 관계와 역사들을 통하고, 그리고 특별히 구약외전을 통하여 이 시대의 역사를 생각할 수 있습니다. 그리고 신약의 사실 중에서도 이 시대를 살펴볼 수 있는 것입니다.

《구약사기》(1955)

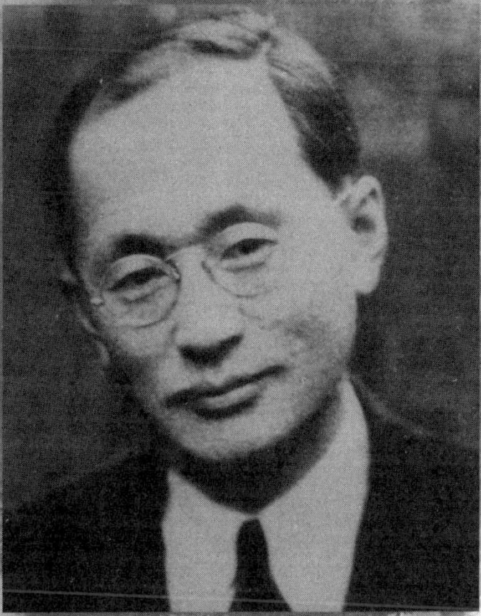

김치선 목사 연표

1899년 10월 6일	함경남도 함흥읍 서호리에서 김영준과 최현숙의 장남으로 출생.
1916년	캐나다 선교사 영재형Luther L. Young의 양자가 됨.
1919년 2월	3·1운동 당시 학생 대표로 활동하다 검거되어 서대문형무소에서 1년간 복역.
1922년 3월	함흥 영생고등학교 졸업, 서울 연희전문학교 입학.
1925년 7월 18일	이홍순李洪順과 결혼.
1927년 3월 17일	서울 연희전문학교 졸업, 평양신학교 입학.
1928년	일본으로 건너가 영재형 목사와 선교 활동 시작. 일본 고베중앙신학교神戶中央神學校 입학.
1930년 2월 23일	고베중앙신학교 졸업.
1931-1933년	미국 필라델피아 소재 웨스트민스터신학교 수학.
1934-1935년	미국 텍사스 소재 댈러스신학교 수학.
1936-1937년 8월	귀국 후 고향인 함흥읍 서호리에서 목회 활동.
1937년 8월	일본으로 건너가 고베중앙교회神戶中央教會 설립.
1938년 3월	도쿄로 이주, 신주쿠중앙교회新宿中央教會 시무.
1939년 11월 5일	신주쿠중앙교회 목사 취임.
1940년	《복음의 진수》 출간. 한국이 지술과 목회 활동으로 일본 경찰에 연행되어 수감.
1944년 2월	신주쿠중앙교회 사임. 메구로교회目黑教會 설립.

1944년	서울 남대문교회 제6대 목사로 취임.
1946년	'300만부흥전도회' 결성.
1949년 1월	야간장로교신학원 2대 교장에 취임.
1950년 1월	야간장로교신학원, 대한신학교로 교명 변경. 3대 교장에 취임.
1950년 4월	장로회신학교 초대 교수로 취임.
1951년 9월	장로회총회신학교 창립(현 총신대학교), 초대 교수로 임명.
1952년	서울 창동교회 개척.
1952년 9월	대한신학교, 문교부에서 4년제 신학교로 인가받음. 초대 교장에 취임.
1954년	서울 관악산에 벧엘기도원 설립.
1961년 6월	대한예수교장로회 성경장로회(현 대한예수교장로회[대신]) 창립총회 개최하고 초대 총회장으로 피선.
1962년	서울 중앙교회(현 청파교회) 부임.
1966년	뇌암 판정을 받고 수술.
1968년 2월 24일	병세 악화로 소천, 관악산 벧엘기도원에 안장.
1995년	안양 물왕리의 남대문교회 동산으로 이장.

김치선 목사 연구를 위한 참고문헌

1차 문헌 자료

단행본

김치선, 《복음의 진수》(복음세계사, 1940).

______, 《기독인의 초석》(복음세계사, 1944).

______, 《구약사기》(복음세계사, 1955).

______, 《갈라디아서 주해》(길영사, 1956).

연구 논문

김치선, "세계는 기로에 섰다", 〈신학정론〉 제3권 1호(1953. 1.).

______, "신관념의 기원", 〈복음세계〉 제1권 1호(1954. 3.).

______, "종교적 체험: 빌립보서 연구", 〈복음세계〉 제1권 1호(1954. 3.).

______, "신학과 신조", 〈복음세계〉 제1권 2호(1954).

______, "한국이 요구하는 인물", 〈복음세계〉 제1권 2호(1954).

______, "믿는 자의 생명 되신 그리스도: 빌립보서 연구(2)", 〈복음세계〉 제1권 2호(1954).

______, "기독교의 근본문제", 〈복음세계〉 제1권 3호(1954. 11.).

______, "실업청년과 복음운동", 〈복음세계〉 제1권 3호(1954. 11.).

______, "그리스도의 사초상", 〈신학지남〉 통권 115호(1954. 7.).

______, "기독교의 본질", 〈신학지남〉 통권 116호(1954. 10.).

______, "(설교) 기독교는 무엇인가?", 〈신학지남〉 통권 117호(1955. 12.).
______, "복음의 진수의 도전자", 〈신학지남〉 통권 119호(1960. 9.).
______, "그리스도 믿는 자의 생명: 빌립보서 강해(3)", 〈부흥〉 4호(1947. 3.).
______, "감사: 빌립보서 강해(5)", 〈부흥〉(1948. 4.) 9호.
______, "우리를 교양하시되", 〈크리스챤 봉화〉 제1권 4호(1965. 4.).
______, "하나님을 경외하라", 〈크리스챤 봉화〉 제1권 8, 9호(1965. 8.).
______, "하나님을 경외하라(4)", 〈크리스챤 봉화〉 제1권 11호(1965. 11.).
______, "직분의 진의", 〈크리스챤 봉화〉 제2권 5호(1966. 5.).
______, "에베소서 주해", 〈크리스챤 봉화〉 제2권 5호(1966. 5.).
______, "크리스마스를 축하하자", 〈크리스챤 봉화〉 통권 25호(1967. 1.).
______, "에베소서 주해(9)", 〈크리스챤 봉화〉 통권 25호(1967. 1.).
______, "이상적 교회", 〈크리스챤 봉화〉 통권 27호(1967. 4.).
______, "에베소서 주해(11)", 〈크리스챤 봉화〉 통권 27호(1967. 1.).
______, "민족애의 눈물", 《한국설교대전집: 한국기독교 선교 100주년 기념》 제5권(박문출판사, 1974).

친필 노트

김치선, 에베소서 강해 노트 설교 모음.
______, 에스겔서 노트 설교 모음.
______, 창세기 노트 설교 모음.
______, 친필 설교 모음.
______, 친필 노트.

2차 문헌 자료

단행본

김동화, 《한국의 예레미야 김치선 목사를 추모하며: 나에게 있어 영원한 것》 (기독교연합신문사, 1998).

전민수, 《이만 팔천여 동네에 가서 우물을 파라: 성도들을 위한 대신교단사》 (영창서원, 2001).

연구 논문과 학위 논문 및 저널

강경림, "김치선 목사의 반우상숭배론", 〈신학지평〉 제13집(2000. 12.).

강윤석, "고봉 김치선의 성령론이 그의 구령운동에 끼친 영향", 안양대학교 신학대학원 석사학위(2008).

김의선, "고봉 김치선 목사의 신학사상과 한국 교회에 끼친 영향", 안양대학교 신학대학원 석사학위(1999).

김재규, "김치선 목사의 설교", 〈신학지평〉 제13집(2000. 12.).

김정길, "김치선 목사의 신학사상: 설교를 중심으로", 안양대학교 신학대학원 석사학위(2008).

원용국, "김치선 목사와 나", 〈신학지평〉 제13집(2000. 12.).

이은규, "김치선 목사의 교육사상", 〈신학지평〉 제13집(2000. 12.).

이은선, "김치선 목사의 국가관", 〈신학지평〉 제13집(2000. 12.).

______, "김치선 목사의 회개론과 부흥론", 〈신학지평〉 제19집(2006. 12.).

최정인, "김치선 목사의 생애", 〈신학지평〉 제13집(2000. 12.).

한성기, "김치선 목사의 신학사상", 〈신학지평〉 제13집(2000. 12.).